Übersichtskarte Ligurien/Piemont mit eingezeichneten
⑩ Top 10 und farbig markierten Regionen

Eine detaillierte Karte mit Stadtplänen von Genua und Turin befindet sich in der hinteren Umschlagklappe.

◁◁ **Titelbild:** Blick auf das bunte Dorf Vernazza
Foto: shutterstock/Martin M303

◁ **Vordere Umschlagklappe** (außen): Das malerische Fischerdorf Camogli östlich von Genua
Foto: Fotolia/Apeschi

▷ **Hintere Umschlagklappe** (außen):
links oben: s. S. 11
links unten: s. S. 28
rechts oben: s. S. 31
rechts unten: s. S. 70

▷▷ **Umschlagrückseite:**
oben: s. S. 40; unten: s. S. 52

Top 10 & Willkommen

Chronik

Stadttouren Genua und Turin mit Detailkarten

Vista Points – Sehenswertes

Reiseregionen, Orte und Sehenswürdigkeiten

Service von A bis Z

Sprachführer

Extras – Zusatzinformationen

Zeichenerklärung

10 **Top 10**
Das müssen Sie gesehen haben, siehe vorderer innerer Umschlag und hintere Umschlagklappe.

Vista Point
Reiseregionen, Orte und Sehenswürdigkeiten

Symbole
Verwendete Symbole siehe hintere innere Umschlagklappe.

Kartensymbol: Verweist auf das entsprechende Planquadrat der ausfaltbaren Karte bzw. der Detailpläne im Buch.

Willkommen in Ligurien und Piemont

Ligurien, das ist vor allem die Riviera, ein Synonym für Urlaub am Meer seit 150 Jahren. Nach Norden geschützt konnte sich hier im ganzjährig milden Klima eine üppige mediterrane und subtropische Vegetation entwickeln. Dazwischen liegen alte Fischerstädte mit rauem Charme und den langen Sandstränden, die die Region zu einer der begehrtesten im Land gemacht haben. Im Gegensatz zur Adria an der Ostseite des Stiefels ist die Landschaft kleinräumig, die Orte liegen in Buchten und sind durch felsige Kaps getrennt, dahinter beginnen gleich die Berge. Das hat Charme, bringt aber auch Probleme mit sich, denn die Enge wird im Hochsommer zur Überfülle mit staugeplagter Küstenstraße und Badeanstalten, die dicht an dicht die Strände belegen.

Landschaftlicher Höhepunkt ist die Region der Cinque Terre östlich von Genua – dieser felsige Küstenstreifen besitzt zwar keine Strände, dafür aber malerische Weinterrassen und Fischerdörfer, die extreme Steilhänge hinaufklettern. Nur wenige Urlauber trifft man im dicht begrünten Hinterland der

Riviera mit alten Bergorten und Tropfsteinhöhlen. Das große Genua mit seiner morbiden Altstadt, den prachtvoll restaurierten Palazzi und dem neu gestalteten Hafen voller Attraktionen setzt einen aufregenden Kontrapunkt.

Die große Region Piemont liegt zwischen Alpen und Apennin. Die alte Residenzstadt Turin hat sich zuletzt für die Olympischen Winterspiele von 2006 ordentlich herausgeputzt – barocke Prunkbauten, klassische Cafés und lange Boulevards mit Arkadengängen bestimmen das Stadtbild.

Südlich der Stadt liegen die stimmungsvollen Weinlandschaften Monferrato und Langhe. Die dunstverhangenen Rebhänge mit ihren mittelalterlichen Dörfern und Burgen erinnern an die Toskana und sind Geburtsort der weltbekannten Tropfen Barolo und Barbaresco. Auch die kostbaren Trüffelpilze *tartufi* gedeihen hier und werden in den zahlreichen Landrestaurants serviert, die zweifellos zu den besten in Italien gehören.

Fazit: Für italophile Gourmets ist das Piemont ein Muss, die Riviera ist es wegen ihrer wunderschönen Küstenlandschaft voller Tradition. Beides ergänzt sich zu einer wunderbaren Einheit. Willkommen in Ligurien und Piemont!

Vielleicht der schönste Ort der Cinque Terre: Vernazza

Daten zur Geschichte

200 000 v. Chr. Die frühesten Spuren menschlicher Besiedlung wie Ritzzeichnungen, Steinwerkzeuge, Kultgegenstände und Skelettreste wurden in den Höhlen von Balzi Rossi kurz vor der heutigen französischen Grenze entdeckt.

10 000 v. Chr. Prähistorische Fußspuren in den Grotten von Toirano lassen sich auf diese Zeit datieren.

8.–6. Jh. v. Chr. Ligurische Stämme siedeln im westlichen Oberitalien und werden von den einfallenden Kelten und den Etruskern in den schmalen Rivierabogen gedrängt.

3./2. Jh. v. Chr. Die Ligurer verbünden sich mit den Karthagern Hannibals, der über die Alpen zieht und Rom bedroht. Nur das heutige Genua kämpft auf der Seite Roms. Die Römer unterdrücken mit großen militärischen Anstrengungen den Widerstand der Ligurer.

2. Jh. v. Chr. Die Römer besetzen Oberitalien als strategisch wichtigen Ausgangspunkt für weitere Landnahmen in Europa und ernennen es zur Provinz Gallia cisalpina.

1. Jh. n. Chr. Zahlreiche Militärsiedlungen schützen im heutigen Piemont und Ligurien die römischen Heerstraßen nach Gallia transalpina (Gallien jenseits der Alpen), darunter Augusta Taurinorum (Turin), Hasta (Asti), Segusium (Susa), Albingaunum (Albenga), Albintimilium (Ventimiglia) und Segesta Tigulliorum (Sestri Levante).

395 Teilung des Römischen Reiches in Ostrom mit der Hauptstadt Byzanz und Westrom mit der Hauptstadt Rom.

5./6. Jh. Im Zuge der Völkerwanderung fallen Hunnen, Westgoten und Langobarden in die römischen Gebiete ein. Die Ostgoten unter Theoderich übernehmen als Statthalter Ostroms die Herrschaft im Weströmischen Reich, auch Ligurien wird byzantinisch mit Genua als Hauptstadt.

568–774 Die Langobarden übernehmen die Macht in Oberitalien; im Piemont werden die alten Römerstädte gegen die Burgunder neu befestigt.

774–800 Der vom Papst zu Hilfe gerufene Frankenkönig Karl der Große erobert das Langobardenreich.

9./10. Jh. Die vom Meer kommenden Sarazenen (arabische Piraten) plündern Ligurien und das Piemont, Genua wird zerstört. 935 schlagen die vereinten Flotten von Genua, Albenga, Noli und Ventimiglia die Sarazenen. In einer Allianz mit der Stadtrepublik Pisa gelingt deren endgültige Vertreibung.

Admiral Andrea Doria

Ab dem 11. Jh. Mit der Teilnahme an den Kreuzzügen steigt Genua zur Großmacht

Ansicht von Genua in der Schedelschen Weltchronik (1493)

auf und besitzt Handelsniederlassungen im östlichen Mittelmeer. Es unterwirft den gesamten Rivierabogen, nur Savona leistet bis 1542 Widerstand. Im Piemont steigen durch Erbfolge die Savoyer auf und erhalten die Markgrafschaft Turin als Lehen. Die Städte werden zu freien Stadtrepubliken und gründen den Städtebund Lega Lombarda (Lombardische Liga).

1176–83 Die Lombardische Liga schlägt Kaiser Friedrich Barbarossa in der Schlacht von Legnano, 1183 muss er im Frieden von Konstanz die Freiheit der Kommunen anerkennen.

13./14. Jh. Genua verliert seine Unabhängigkeit und wird im Wechsel von Frankreich (Savoyen) und Mailand regiert, gelangt aber zwischenzeitlich immer wieder zur Unabhängigkeit. 1407 wird das erste Bankhaus (Banco di S. Giorgio) gegründet, Genua wird wirtschaftlich mächtig.

16. Jh. Admiral Andrea Doria koaliert mit den Spaniern, die Bankiers Genuas werden zu wichtigen Geldgebern des spanischen Königshauses. Die Unabhängigkeit Genuas kann so wieder hergestellt werden, die Republik gelangt zu neuer Blüte. Das Piemont wird fast vollständig von den Franzosen erobert, die Savoyer werden entmachtet.

Prinz Eugen von Savoyen

1563 Die Savoyer erhalten ihr Herzogtum zurück, Hauptstadt wird Turin.

1701–14 Im Spanischen Erbfolgekrieg schlagen sich die Savoyer auf die Seite Habsburgs. Die Franzosen belagern Turin, Prinz Eugen, der »edle Ritter«

und selbst gebürtiger Savoyer, eilt zu Hilfe, die Franzosen werden geschlagen.

1718 Das Haus Savoyen-Piemont wird zusammen mit Sardinien zum Königreich Sardinien-Piemont, Turin wird Königsresidenz und im absolutistischen Stil prunkvoll ausgebaut.

1800–05 In der Schlacht von Marengo (1800) besiegt Napoleon die Habsburger und besetzt das Piemont. 1805 wird auch Ligurien erobert, damit endet das Zeitalter der freien Seerepublik Genua.

1815 Nach der Niederlage Napoleons wird Ligurien beim Wiener Kongress dem Königreich Sardinien-Piemont angegliedert. Den Habsburgern wird der gesamte östliche Teil Oberitaliens zugesprochen.

1821–61 Die italienische Einigungsbewegung, das Risorgimento, kämpft für die Einigung Italiens und gegen die Fremdherrschaft der Habsburger. Der savoyische König Carlo Alberto I. kommt dem aufständischen Mailand zu Hilfe und wird vernichtend geschlagen. Er dankt zugunsten von Vittorio Emanuele II. ab. Das Königreich Sardinien-Piemont wird zur Keimzelle des ersehnten italienischen Staates, Ministerpräsident Camillo Benso Grav von Cavour (1810–61) zum Architekten der Einigung. Durch geschickte Bündnispolitik erreicht er, dass die Großmächte der Einigung Italiens zustimmen.

Dem legendären Revolutionär Giuseppe Garibaldi gelingt es mit seinem »Zug der Tausend«, der in Genua beginnt und im Mai 1860 in Sizilien landet, den bourbonischen König von Neapel zu schlagen. Frankreich ist mit dem Kirchenstaat verbündet und stimmt der italienischen Einigung unter der Bedingung zu, dass Rom unabhängig bleibt. Am 17. März 1861 wird der Piemontese Vittorio Emanuele II. zum ersten König Italiens ausgerufen, Turin wird die erste Hauptstadt des Reiches.

1870/71 Im Deutsch-Französischen Krieg ziehen die Franzosen ihre Truppen aus Rom ab, das damit ins italienische Königreich integriert und umgehend zur Hauptstadt ernannt wird.

1899 Giovanni Agnelli gründet in Turin die »Fabbrica Italiana Automobili Torino«, die unter dem Namen FIAT zum größten Automobilhersteller Italiens wird und Turin zur Industriemetropole macht.

Werbung für den »Fiat Cinquecento« als italienische Trikolore

1914–18 Im Ersten Weltkrieg wechselt Italien aus dem Lager der Mittelmächte auf die Seite der Alliierten. Die Front verläuft deshalb im Osten Oberitaliens an der Grenze zu Österreich/Ungarn; Ligurien und Piemont bleiben verschont.

1922–45 Mussolini errichtet nach dem Marsch auf Rom ein faschistisches Regime in Italien. Im Zug des Vorrückens der Alliierten von Süditalien her wird er 1943 entmachtet, von den Deutschen jedoch als Marionette für die faschistische Republik von Salò eingesetzt. In Oberitalien kommt es zu heftigen Partisanenkämpfen, vor allem das Piemont wird zu einer Hochburg der Resistenza.

1946 Die Republik Italien wird ausgerufen. Das Haus Savoyen wird wegen der Kollaboration mit den Faschisten aus Italien verbannt. Der letzte Spross, Emanuele Filiberto, darf erst 2002 wieder einreisen.

1960–70 In Turin kommt es bei Fiat zu Arbeiteraufständen, in deren Folge die Terrorgruppen der Brigate Rosse (Roten Brigaden) entstehen, die mehrere Attentate auf leitende Fiatmanager begehen.

1970 Das Piemont wird zur selbstständigen Region.

1993 Die politisch rechts stehende Lega Nord erringt große Wahlerfolge in Norditalien (vor allem Venetien) und fordert die Abspaltung des Nordens vom restlichen Italien.

2001 Der Medienunternehmer Berlusconi, Gründer der Rechtspartei Forza Italia, wird Regierungschef. Trotz laufender Prozesse gelingt es ihm gegen den Widerstand der Justiz im Parlament Gesetze verabschieden zu lassen, die ihn vor Strafverfolgung schützen.

2006 Fiat-Chef Gianni Agnelli kann die XX. Olympischen Winterspiele überraschend ins Piemont holen. Turin wird mit großem Aufwand restauriert und modernisiert. Im Frühjahr ist die Ära Berlusconi vorläufig zu Ende. Bei den Parlamentswahlen im April siegt das Mitte-Links-Bündnis von Romano Prodi mit hauchdünner Mehrheit.

2007 Bei den Kommunal- und Regionalwahlen vom Mai legt das Bündnis von Silvio Berlusconi wieder zu und erringt die absolute Mehrheit in 13 Regionalhauptstädten, die vor allem im wohlhabenden Norden des Landes liegen.

2011 Am 12. November tritt Berlusconi auf europäischen Druck wegen der enormen Staatsverschuldung Italiens zurück.

2013 Die Wirtschafts- und Schuldenkrise des Landes trifft viele Italiener schwer.

Im Februar tritt Papst Benedikt XVI. überraschend zurück. Sein Nachfolger wird der argentinische Erzbischof und Jesuit Jorge Mario Bergoglio. Er nennt sich Franziskus, sieht sich in der Nachfolge des Franz von Assisi und versucht die katholische Kirche behutsam zu reformieren.

2021 Im Januar wird Mario Draghi zum Ministerpräsidenten Italiens gewählt.

2022 Bei den Parlamentswahlen gewinnt die als postfaschistisch klassifizierte Partei Fratelli d'Italia unter Giorgia Meloni 26 Prozent der Stimmen in Italien. Meloni wird Ministerpräsidentin.

2023 Das Grand Finale der berühmten Regatta Ocean Race findet in Genua statt. Es gewinnt das 11TH Hour Racing Team unter US-amerikanischer Flagge. ■

Durch die Altstadt, auf den Prachtstraßen und zum Porto Antico

Vormittag
Piazza De Ferrari – Dom San Lorenzo – Piazza San Matteo – Carrugio Lungo (Altstadt) – Stazione Principe mit Palazzo del Principe – Via Balbi – Via Cairoli – Via Garibaldi mit Palazzo Bianco und Palazzo Rosso – Piazza de Ferrari.

Mittag
Mittagessen im **Panson dal 1790** oder **Sa' Pesta** (vgl. S. 16 f.).

Nachmittag
Porto Antico gegebenenfalls mit Hafenrundfahrt (Museen am zweiten Tag).

Die ehemalige Seerepublik, die jahrhundertelang mit Venedig um den Einfluss im Mittelmeer rang, ist heute mehr denn je eine Reise wert. Die Architektur im klassizistischen Zentrum um die Piazza De Ferrari und die Via XX Settembre und als Gegenpol die größte zusammenhängende Altstadt Europas, der gewaltige Hafen und das Umfeld mit den Rivierahängen und malerischen Küstenorten – all das macht Genua zu einer der aufregendsten Städte Italiens.

Vom 16. bis 18. Jahrhundert gehörte Genua dank der Bündnispolitik des Admirals Andrea Doria zu den reichsten Städten Europas. Die Hinterlassenschaften dieser Zeit sind im Stadtbild bis heute zu

Der bedeutendste Platz in Genua: die Piazza De Ferrari

erkennen. Im 20. Jahrhundert verblasste der alte Ruhm, Genua galt als heruntergekommen, Touristen wurden vor einem Aufenthalt gewarnt, man rümpfte die Nase über die neapolitanisch anmutende Kleinkriminalität, die illegalen Einwanderer und die verrottete Bausubstanz im Centro storico. Doch das alles hat sich radikal geändert, seit die Metropole 2004 zur europäischen Kulturhauptstadt avancierte. In einer jahrelangen, gewaltigen Kraftanstrengung wurden weite Teile der Innenstadt renoviert, zahlreiche Palazzi von Kopf bis Fuß restauriert und der vernachlässigte Hafen besucherfreundlich ausgebaut. Dazu gibt es zahlreiche neue Attraktionen, darunter das Meerwasseraquarium, das zu den größten in Europa zählt.

Machtvoll und imponierend in ihrer Großzügigkeit zeigt sich die **Piazza De Ferrari** ➡ aC4, das Zentrum der klassizistischen Neustadt, mit repräsentativen Gebäuden im Umkreis, darunter die **Accademia Ligustica di Belle Arti** und das Opernhaus **Teatro Carlo Felice**. Am Platz beginnt die prachtvolle **Via XX Settembre** ➡ aC4–aD5, wo man im Schatten mächtiger Arkaden flanieren und elegante Geschäfte besuchen kann. Das mittelalterliche Stadttor **Porta Soprana** ➡ aD4 steht südlich der Piazza De Ferrari. Hier arbeitete der Vater von Christoph Kolumbus als Torwächter und in der nebenstehenden **Casa di Cristoforo Colombo** soll der Amerikafahrer geboren worden sein (allerdings wurde das Haus im 18. Jahrhundert neu errichtet und es gibt noch mehrere »Geburtshäuser«, nicht nur in Genua).

Der **Palazzo Ducale** ➡ aC3/4 an der Seitenfront der Piazza De Ferrari ist der einstige Regierungspalast der Dogenrepublik. Er stammt aus dem Mittelalter, wurde aber bei einem Brand im 18. Jahrhundert fast völlig zerstört und wieder neu aufgebaut. Sein weitläufiges Untergeschoss ist frei zugänglich. Im obersten Stockwerk liegt ein Terrassencafé mit schönem Blick. Die Hauptfassade des Palazzo wendet sich der ruhigen **Piazza Matteotti** zu. Von dort erreicht man auf einer breiten Fußgängerzone den **Dom San Lorenzo** ➡ aC3. Die romanische Säulenbasilika zeigt sich prächtig restauriert im schwarzweißen Streifenmuster, im Hauptportal ist das Martyrium des heiligen Laurentius dargestellt. Eindrucksvoll ist der prunkvolle Innenraum mit romanischen Rundsäulen und schwarz-weiß gestreiften Bögen. Neben einem Kreuzigungsrelief aus Marmor steht im rechten Seitenschiff eine Granate des letzten Weltkriegs, die das Dach durchschlug, aber nicht explodierte. Auf der anderen Seite liegt die reich geschmückte Cappella di San Giovanni Battista (Johannes der Täufer), in einer Urne wurde hier einst die vermeintliche Asche des Täufers verwahrt, die im 11. Jahrhundert aus Palästina nach Genua gelangte. Ebenfalls im linken Seitenschiff findet sich der Zugang zum **Museo del Tesoro** mit dem Domschatz.

Hinter dem Palazzo Ducale gelangt man zur hübschen kleinen **Piazza San Matteo** ➡ aC3/4 mit der gleichnamigen romanischen Kirche und den schwarz-weiß gestreiften Stadtpalästen der Adelsfamilie Doria, die jahrhundertelang die genuesische Flotte befehligte. Der Admiral Andrea Doria (1466–1560) bereitete den Schulterschluss mit dem mächtigen Spanien vor und gab Genua eine aristokratische Regierungsform, die lange stabil blieb. Er liegt in der Krypta des üppig verzierten Kirchleins begraben.

Zwischen der Piazza De Ferrari und dem Hafen erstreckt sich die verwirrend unübersichtliche ❶ **Altstadt** mit ihren verwinkelten, »Carrugi« genannten Gässchen. Roter Faden ist die kilometerlange Hauptgasse namens **Carrugio Lungo** ➡ aA2–aC3, die sich parallel zur Uferfront durch die Altstadt zieht (Stadtplan: Via Santa Luca, Via di Fossatello, Via del Campo und Via di Prè). Zwischen den hohen Häuserfronten kann man sich treiben lassen, es gibt immer etwas zu sehen, das Straßenleben und die zahllosen Läden offenbaren das volkstümliche Genua.

Die frühere Atmosphäre von Verfall und Schmutz hat vielerorts einer freundlicheren Stimmung Platz gemacht, das Viertel wurde auch verkehrsberuhigt und keine röhrenden Vespas erschrecken die Besucher. Abends sollte man trotzdem etwas Vorsicht walten lassen und sich nur auf den größeren Straßen aufhalten, denn Drogenhandel und Kriminalität sind noch verbreitet.

Das Südende des Carrugio stellt die kleine **Piazza Banchi** ➡ aC3 mit der hübschen **Loggia dei Mercanti** dar, in der oft Ausstellungen und dergleichen stattfinden. In Richtung Meer kommt man hier schnell auf die Hafenstraße Via Antonio Gramsci (vgl. Porto Antico). Im Zentrum der Altstadt liegt der **Palazzo Spinola** ➡ aB3 aus dem 16. Jahrhundert mit der Galleria Nazionale. Und am Nordende des Carrugio kann man zum Hauptbahnhof **Stazione Principe** ➡ aA1 hinaufsteigen, an dessen Vorplatz das mächtige Denkmal von **Christoph Kolumbus** thront. Hinter dem Bahnhof steht der in den letzten Jahren aufwendig restaurierte **Palazzo del Principe** ➡ aA1, das mächtige Stadtschloss von Andrea Doria, errichtet im 16. Jahrhundert.

Der Genueser Dom San Lorenzo

Die **Via Balbi** ➡ aA2–aB3, eine der drei Genueser Prachtstraßen, führt oberhalb der Altstadt vom Hauptbahnhof, vorbei am **Palazzo Reale** ➡ aA2, dem ehemaligen Königspalast der savoyisch-piemontesischen Herrscher (Königreich Sardinien-Piemont), zum **Largo della Zecca** ➡ aB3. Dort liegt die Talstation des *Funicolare*,

Die Glaskuppel von »La Biosfera« im Porto Antico, Teil des unter Stararchitekt Renzo Piano sanierten alten Hafenareals

der Standseilbahn auf den Aussichtspunkt **Righi** 300 Meter über der Stadt. Nicht weit entfernt verbirgt sich hinter der klassizistischen Fassade der Kirche **Santissima Annunziata** ➡ aA3 eine unglaubliche Vielfalt an barocken Malereien und Skulpturen.

Die **Via Cairoli** mündet in die Fußgängerzone **Via Garibaldi** ➡ aB3/4, deren repräsentative Palazzi wunderbar restauriert wurden, sodass man einen hervorragenden Eindruck vom Glanz der alten Genueser Adelsmeile erhält. Besichtigen kann man den **Palazzo Bianco** ➡ aB3 (zusammen mit **Palazzo Tursi**) und gegenüber den in leuchtendem Rot erstrahlenden **Palazzo Rosso** ➡ aB3 in. Beide beherbergen große Gemäldegalerien mit hauptsächlich genuesischen und venezianischen Künstlern, aber auch die Flamen sind vertreten, u. a. natürlich Rubens. Weiter auf der Via Garibaldi und über die Via XXV Aprile gelangt man zurück zum Ausgangspunkt, der Piazza De Ferrari.

Am Nachmittag lohnt sich ein Bummel am **Porto Antico**, dem alten Hafen. Das zentrale Hafengebiet unterhalb der Altstadt um die weite, nach allen Seiten offene **Piazza Caricamento** ➡ aA–aC1/2 war jahrzehntelang völlig vernachlässigt worden. Doch zum 500 jährigen Jubiläum der Entdeckung Amerikas durch Columbus im Jahr 1992 ging man daran den Porto Antico unter Federführung des Stararchitekten Renzo Piano zu einer modernen Kultur- und Vergnügungsmeile umzugestalten.

Unbestrittener Höhepunkt der Hafensehenswürdigkeiten ist das in Italien einzigartige **Acquario di Genova** ➡ aB/aC2, das zu den meistbesuchten Attraktionen im Land gehört. Weitere Besuchermagneten sind der futuristisch wirkende **Il Bigo** ➡ aC2, eine 40 Meter hohe Krankonstruktion mit Aufzug, die beliebte **Città dei Bambini** ➡ aC1 und das große Museum **Galata Museo del Mare** ➡ aA/aB2. Kinder sind vor allem von der **Galeone Neptune** begeistert, dem exakten Nachbau eines spanischen Segelschiffs aus der Zeit zwischen 1680 und 1710, den Roman Polanski für seinen Film »Piraten« im Jahr 1986 einsetzte.

Service-Informationen Genua/Genova

Mit der **Card Musei** kann man bis zu 28 Museen besuchen – die entsprechenden Museen sind im Folgenden mit * gekennzeichnet. Außerdem erhält man Ermäßigungen, darunter bei Acquario di Genova, Città dei Babini und Il Bigo. Die Karte kostet für 24 Stunden € 15. Verkauf in den angeschlossenen Museen, in den IAT-Büros und im Palazzo Ducale. Informationen unter www.museidigenova.it.

Die Angaben bei den Eintrittspreisen beziehen sich auf Erwachsene und Kinder (4–12 J.). Personen im Alter zwischen 13 und 18, 18 und 25 sowie ab 65 Jahren erhalten oft ebenfalls eine Ermäßigung.

Tourist Information ➡ aB3
Via Garibaldi 12/r, 16124 Genua
✆ 010 557 29 03
www.visitgenoa.it
Tägl. 9–18.20 Uhr

Zweigstellen:
– im Hafen, Via al Porto Antico 2
16124 Genua ➡ aC3
✆ 010 557 29 03
Tägl. ab 9, Juli/Aug. bis 19.50, April–Juni und Sept. bis 18.20, sonst bis 17.50 Uhr
– Aeroporto Cristoforo Colombo
16154 Genua ➡ F9
✆ 010 557 29 03
Tägl. 9–17.20 Uhr (30 Min. variable Mittagspause)

Accademia Ligustica di Belle Arti * ➡ aC4
Largo Pertini 4 (Piazza De Ferrari) Genua
✆ 010 56 01 31
www.museo.accademialigustica.it
Di–Sa 14.30–18.30 Uhr
Eintritt € 5/3 (unter 18 J. und über 65 J.)
Die Kunstakademie zeigt eine umfangreiche Sammlung ligurischer Künstler vom 14. bis zum 19. Jh.

Galata Museo del Mare * ➡ aA/aB2
Calata De Mari 1 (Darsena–Via Gramsci), Porto Nuovo, nördlich vom Porto Antico, Genua
✆ 010 234 56 55
www.galatamuseodelmare.it
März–Okt. tägl. 10–19.30, Nov.–Feb. Di–Fr 10–18, Sa/So 10–19.30 Uhr, Einlass bis 1 Std. vor Schließung, Eintritt € 12/7
Das im Kulturjahr 2004 eröffnete Meeres- und Schifffahrtsmuseum ist das größte seiner Art im Mittelmeerraum.

Museo d'Arte Orientale* ➡ aB4
Piazzale Mazzini 4, Genua
✆ 010 54 22 85
April–Mitte Okt. Di–Fr 9–19, Sa/So 10–19.30, Mitte Okt.–März Di–Fr 9–18.30, Sa/So 9.30–18.30 Uhr
Eintritt € 5/3 (über 65 J.), unter 18 J. frei
Die Sammlung mit 20 000 Objekten orientalischer Kunst wurde vom Maler Edoardo Chiossone, der fast 20 Jahre lang in Japan lebte, zusammengetragen.

Museo del Tesoro* ➡ aC3
Im Dom San Lorenzo, Genua
✆ 010 247 18 31
Tägl. außer So 9–12 und 15–18 Uhr, Eintritt € 6/5
Prunkstück der Pretiosensammlung ist der »Sacro Catino«, eine sechseckige, smaragdgrüne Glasschale, von der behauptet wird, dass sie von Christus beim heiligen Abendmahl verwendet wurde. Wahrscheinlich stammt sie

jedoch aus dem arabischen Kulturraum und wurde im 9. Jh. gefertigt.

Palazzo Bianco, Palazzo Tursi und Palazzo Rosso* ➡ aB3
Via Garibaldi 11 und 18
Genua
✆ 010 55 72 193, 010 557 49 72
April–Mitte Okt. Di–Fr 9–19, Sa/So 10–19.30, Mitte Okt.–März Di–Fr 9–18.30, Sa/So 9.30–18.30 Uhr
Kombiticket € 9/7
Im Palazzo Bianco und Palazzo Rosso sind zwei hochkarätige Galerien u. a. mit Werken von Dürer, Veronese, Filippo Lippi, Tintoretto, Rubens und van Dyck zu besichtigen. Zusammen mit dem Palazzo Bianco kann der Palazzo Tursi besucht werden, der in seinen restaurierten Sälen wertvolles Mobiliar und Gemälde ligurischer Künstler zeigt.

Palazzo del Principe/ Galleria Aurea* ➡ aA1
Piazza del Pricipe 4
Genua
✆ 010 25 55 09
www.doriapamphilj.it
Tägl. 10–18, Einlass bis 17.30 Uhr
Eintritt € 9/7
Die prunkvoll ausgemalten Säle des riesigen Palastes von Andrea Doria sind wieder vollständig zu besichtigen. In der Galleria Aurea hängen neben zahlreichen Porträts wertvolle Wandteppiche, die viele Details der Seeschlacht von Lepanto zeigen.

Palazzo Reale* ➡ aA2
Via Balbi 10, Genua
✆ 010 271 02 36, www.palazzorealegenova.beniculturali.it
Di, Fr 9–14, Mi/Do 9–19, Sa 13.30–22, So/Fei 13.30–19 Uhr, Eintritt € 6/3 (18–25 J.), Kombiticket mit Palazzo Spinola € 6,50/3,25
In den opulent ausgestatteten Innenräumen ist eine weitere große Gemäldegalerie untergebracht. Von der Dachterrasse hat man einen schönen Blick auf Stadt und Hafen, sehenswert ist auch der kunstvoll gestaltete Hofgarten.

Palazzo Spinola/ Galleria Nazionale* ➡ aB3
Piazza Pellicceria 1
Centro Storico, Genua
✆ 010 270 53 00
www.palazzospinola.it
Di–Sa 8.30–19.30, So 13.30–19.30 Uhr
Eintritt € 4/2 (18–25 J.), Kombiticket mit Palazzo Reale € 6,50/3,25
Bis heute sind das Originalmobiliar und die ursprünglichen Wandmalereien erhalten geblieben, besonders schön ist der Spiegelsaal. Die Gemäldegalerie zeigt hauptsächlich ligurische und flämische Künstler.

Il Bigo ➡ aC2
Calata Cattaneo
Porto Antico, Genua
www.acquariodigenova.it/acquario-village/bigo
März–April, Sept./Okt. Mo 14–18, Di–So 10–18, Juni–Aug. 17–22, Nov.–Feb. tägl. 10–17 Uhr
Eintritt € 4/3, ermäßigt mit Ticket für das Acquario oder Card Musei
Südlich vom Aquarium reckt diese Krankonstruktion ihre stählernen

Der Palazzo Reale (Königspalast) aus dem 17. Jahrhundert beherbergt eine Kunstgalerie

Arme in die Höhe. Von einer zylindrischen Panoramakapsel aus kann man den Blick über Hafen und Stadt genießen.

Acquario di Genova
➡ aB/aC2
Ponte Spinola
Porto Antico, Genua
✆ 010 234 51
www.acquariodigenova.it
Tägl. Juli/Aug. 8.30–22.30, sonst 8.30/9–20/21 Uhr, Einlass bis 2 Std. vor Schließung
Eintritt € 25/15, ermäßigt mit Card Musei, oder online Kombiticket AcquarioVillage für alle Attraktionen im Hafen € 49/29, auch andere Kombitickets im Angebot
In dem riesigen Meerwasserzoo, dem zweitgrößten Aquarium Europas, tummeln sich Tausende Fische, darunter auch Haie. Außerdem sind u. a. auch Pinguine, Delfine, Robben, Schildkröten und Krokodile zu bestaunen. Eindrucksvoll hat man die verschiedenen Unterwasserlebensräume nachgestellt: Tropen, Pazifik, Indischer Ozean, Mittelmeer, Rotes Meer, Korallenriffe etc. Einen Höhepunkt bilden die großen Säulenaquarien mit schwebenden Tiefseequallen.

Biosfera ➡ aB/aC2
Via al mare Fabrizio de Andrè
Porto Antico, Genua
✆ 010 234 56 59
www.biosferagenova.it
Tägl. März–Sept. 10–19, Okt.–Feb. 10–17 Uhr
Eintritt € 5/3,50, verschiedene Kombitickets
Die große Glaskugel neben dem Aquarium beherbergt eine bunte tropische Tier- und Pflanzenwelt und thematisiert die Gefährdung der Regenwälder.

La Città dei Bambini ➡ aC1/2
Calata Molo Vecchio
Porto Antico, Genua
✆ 010 248 57 90
www.portoantico.it/strutture/la-citta-dei-bambini-e-dei-ragazzi
Tägl. außer Mo 10–18, Einlass bis 16.45 Uhr
Eintritt € 7/5 (2–3 J.)
In den *Magazzini del Cotone*, in denen früher Baumwolle gelagert wurde, bietet dieser Erlebnis- und Spielpark interaktive Spielwelten, Ausstellungen und andere Attraktionen für Kinder von 2 bis 14 Jahren.

Galeone Neptune ➡ aB2
Ponte Spinola
Porto Antico, Genua
Tägl. 10–17 Uhr
Eintritt € 6
Das von außen imponierend stilechte Schiff zeigt sich im Inneren in eher schlechtem Zustand.

Le Cantine Squarciafico
➡ aC3
Piazza Invrea 3/r, Genua
✆ 010 247 08 23
www.cantinesquarciafico.it
Tägl. 12.30–14.30 und 19.30–23 Uhr
Die frühere Zisterne in einem Kellergewölbe mit Marmorsäulen liegt gleich beim Dom. Sie bietet eine große Weinauswahl (auch glasweise) und interessante Gerichte, dazu ertönt oft klassische Musik. Freundliche Bedienung. €€

Panson dal 1790 ➡ aC3/4
Piazza delle Erbe 5/r, Genua
✆ 010 246 89 03
www.ristorantepanson.com
So abends geschl.
Gepflegtes Fischrestaurant an einer netten Altstadtpiazza, man kann auch draußen sitzen. €€

Antica Trattoria Sa' Pesta
➡ aC3
Via dei Giustiniani 16/r, parallel zur Via San Lorenzo, Genua
✆ 010 246 83 36
www.sapesta.it
Tägl. außer So 12.30–14.30, Do–Sa auch 19–20.30 Uhr, abends nur mit Reservierung

Das Segelschiff »Neptune« im alten Hafen von Genua, ein originalgetreuer Nachbau einer spanischen Galeone

Das historische Farinata-Lokal wird aufmerksam und freundlich geführt. Man sitzt auf Hockern in zwei weiß-grün-weiß gekachelten Speiseräumen, berühmt ist neben den *farinate* auch das hausgemachte *pesto*, außerdem gibt es gefülltes Gemüse, *baccalà* (Stockfisch) und vieles mehr. €–€€

Da Maria ➡ aC4
Vico Testadoro 14/r, vor der Piazza Fontane Marose, Genua
✆ 010 58 10 80
So geschl.
Ein Ausflug in die Vergangenheit. Die schlichte, immer gut besuchte Osteria auf zwei Stockwerken steht seit einem halben Jahrhundert unter der Regie von Maria Manté, seitdem hat sich nicht allzu viel verändert. Wer im Trubel unten keinen Platz findet, geht die Treppe hinauf. Man sitzt eng an eng mit Einheimischen, authentische Hausmannskost und günstiges Touristenmenü. €

Fratelli Klainguti ➡ aC3
Piazza Soziglia 98/r, Genua
So geschl.
Die traditionsreiche *pasticceria* in der Altstadt gibt es schon seit 1828, Giuseppe Verdi war hier gern zu Gast. Reichhaltige Auswahl an hausgemachten Kuchen und Eis.

Mercato Orientale ➡ aD5
Via XX Settembre, gegenüber der Einmündung der Via D. Fiasella Genua
Tägl. außer So 7.30–19.30 Uhr, Mo–Mi 13–15.30 Uhr Mittagspause
Der »Ostmarkt« bietet in seiner immer gut besuchten Markthalle Kulinaria in Hülle und Fülle, vor allem Obst und Gemüse. Ein Erlebnis fürs Auge.

Funicolare und Ascensori
➡ aA/aB3
Etwa 7–24 Uhr, Ticket ca. € 0,90
Mit dem *funicolare* (Standseilbahn) fährt man ab Largo della Zecca auf den Stadthügel Righi und erlebt Genua von oben. Alternativ dazu gibt es den Funicolare Sant'Anna ab Corso Magenta (Via Bertani) und elf historische *ascensori* (Aufzüge) in die Oberstadt, der schönste fährt von der Piazza del Portello zum Aussichtspunkt Belvedere Castelletto.

Hafenrundfahrt ➡ aC2
Consorzio Liguria Viamare
Ponte dei Mille–Piano Calata
✆ 010 26 57 12
www.liguriaviamare.it
Ticket € 6/3
Rundfahrt durch den Alten Hafen zwei- bis dreimal täglich ab Ponte Spinola beim Aquarium. ■

Ein Rundgang durch die Stadt am Po

Vormittag
Piazza Castello mit San Lorenzo und Dom San Giovanni Battista – Via Po – Murazzi del Po – Mole Antoniella – Piazza Castello.

Mittag
Mittagspause im **L'Osto del Borgh Vej** (vgl. S. 26).

Nachmittag
Via Roma mit Museen – Borgo e Rocca Medioevale.

Die Residenzstadt der savoyischen Herrscher und zeitweilige Hauptstadt Italiens (1861–65) zeigt sich im Zentrum voll barocker Eleganz und Monumentalität. Fiatchef Gianni Agnelli († 2003) gelang es die

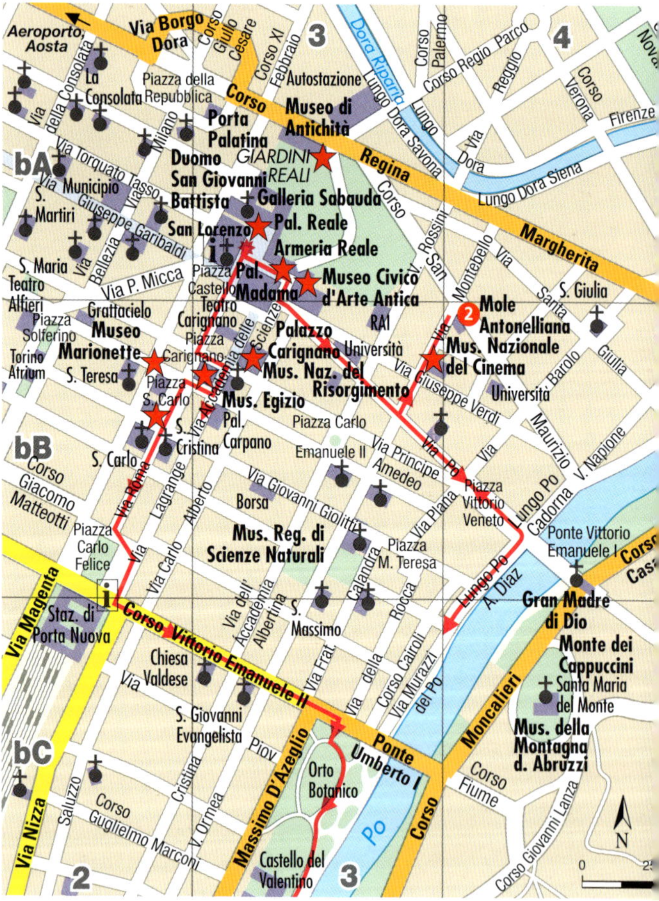

Piazza San Carlo in Turin

XX. Olympischen Winterspiele 2006 nach Turin zu holen, seitdem hat die Stadt u. a. einen neuen Bahnhof und ihre erste U-Bahn-Linie erhalten. Außerdem wurde vieles restauriert, sodass die Ein-Millionen-Metropole am Fuß der Alpen nun wieder ein repräsentatives Stadtbild besitzt. Kilometerlange, schnurgerade und rechtwinklig verlaufende Straßenzüge mit breiten Laubengängen und prächtigen Palazzi prägen die Erscheinung der barocken Planstadt, die allerdings auch die entsprechende Verkehrsdichte aufweist. Dass Turin eine der großen Industriemetropolen Italiens ist, merkt man in der Innenstadt in keiner Weise. Die Fabrikationshallen von Fiat (Fabbrica Italiana Automobili Torino) liegen weit außerhalb, auch die mehr als 200 000 Angestellten leben großteils in den südlichen Vorstädten.

Die zentrale, autofreie **Piazza Castello** liegt vor dem **Palazzo Reale** ➡ bA3, dem einstigen Königsschloss. Der Palast mit seinem prächtigen Treppenhaus und den prunkvoll ausgestatteten Räumen im Piano Nobile kann besichtigt werden. Eingeschlossen im Ticket sind der Besuch der **Armeria Reale** (an der Nordseite der Piazza, eine der größten Waffensammlungen der Welt), des **Museo di Antiquità** (große archäologische Sammlung in den einstigen Gewächshäusern des Palastes) und der erst kürzlich hinter den Palazzo Reale umgezogenen **Galleria Sabauda**. Diese Sammlung italienischer, piemontesischer und niederländischer Meister wurde im 19. Jh. vom savoyischen König Carlo Alberto gegründet. Die schönen **Giardini Reali** mit Rosenhecken, Kastanien und Eichen hinter dem Schloss sind frei zugänglich. Die Residenzen des Königshauses Savoyen gehören seit 1997 zum UNESCO-Weltkulturerbe.

Die verschwenderisch ausgestattete Kirche **San Lorenzo** ➡ bA3 ist an der westlichen Platzseite in die Häuserfronten integriert. Mitten auf der Piazza steht der eigentümliche **Palazzo Madama** ➡ bA3, ursprünglich eine mittelalterliche Burganlage, die vom berühmten Stadtarchitekten Filippo Juvarra barock umgestaltet, aber nie vollendet wurde. Höhepunkt ist das monumentale Treppenhaus, das zum **Museo Civico d'Arte Antica** ➡ bA3 mit Kunst aus Spätantike, Mittelalter und Renaissance hinaufführt. An der Südwestecke der Piazza liegt das **Caffè Mulassano**, eines der klassischen Kaffeehäuser der Stadt. Den **Duomo San Giovanni Battista** ➡ bA3 erreicht man durch einen Durchgang neben dem Palazzo Reale. Er bewahrt eine der wertvollsten Reliquien der katholischen Kirche auf, die **Sacra Sindone**, das weltberühmte Grabtuch von Turin – es wird gesagt, dass der Leichnam Jesu Christi nach der Kreuzigung darin eingehüllt worden sein soll. Das Originaltuch wird jedoch nur höchst selten öffentlich ausgestellt (das nächste Mal erst im Heiligen Jahr 2025), stattdessen kann man eine Kopie betrachten, auf der die Körperumrisse eines Mannes zu erkennen sind. Der silberne Schrein mit dem Originaltuch wird in der **Cappella della Sacra Sindone** verwahrt, die 1997 ausbrannte und erst seit kurzem wieder besichtigt werden kann.

Ganz in der Nähe des Doms findet man römische Ausgrabungen, darunter die vierbogige **Porta Palatina** ➡ bA3, das einstige Haupttor der Stadtmauer. Das hübsche mittelalterliche Viertel Turins, **Quadrilatero Romano** genannt, liegt westlich der Piazza Castello zwischen der langen Fußgängerzone **Via Garibaldi** und der Piazza Repubblica.

Die von Laubengängen flankierte **Via Po** ➡ bB3/4 führt zur lang gestreckten **Piazza Vittorio Veneto** ➡ bB4. Wegen der nahen Universität findet man hier immer viele junge Leute und gut besuchte Cafés. Kurz nach der großen Piazza Vittorio Veneto erreicht man den Po. Im Sommer sind die Kais namens **Murazzi del Po** ➡ bC3 das Zentrum des Turiner Nachtlebens. Eng an eng sind Dutzende von Discos, Clubs und Pubs in die Uferbefestigungen gebaut, die Turiner treffen sich dort allabendlich.

Nördlich der Via Po erhebt sich die faszinierende **2** **Mole Antonelliana** ➡ bB4, der sogenannte Eiffelturm Turins. Das 167,5 Meter hohe Gebäude sollte ursprünglich eine 40 Meter hohe Synagoge werden, doch der ehrgeizige Architekt Alessandro Antonelli baute immer höher, setzte einen griechischen Tempel obenauf, der von einer Art

Rätsel um das Turiner Grabtuch

Seit Jahrhunderten wird um das Tuch geforscht und gestritten. Frappierend ist zunächst, dass die Verletzungen, die der vom Tuch bedeckte Mann besaß, völlig deckungsgleich mit den überlieferten Wunden Jesu sind, eine betrügerische Fälschung konnte nicht festgestellt werden. 1988 wurde das Tuch mittels der Radiokarbondatierung nach der C14-Methode untersucht. Die Experten stellten fest, dass es aus der Zeit zwischen 1260 und 1390 n. Chr. stammt.

Doch andere Wissenschaftler erklärten, das Tuch sei mehrfach Bränden ausgesetzt gewesen, was den C14-Gehalt so verändere, dass eine Datierung nun unmöglich sei. Nach – ebenfalls umstrittenen – Pollenbefunden stammt es aus dem Nahen Osten. Ungeklärt ist auch, wie der menschliche Abdruck ins Tuch kam, es ist bisher nicht gelungen, etwas Ähnliches nachzuahmen.

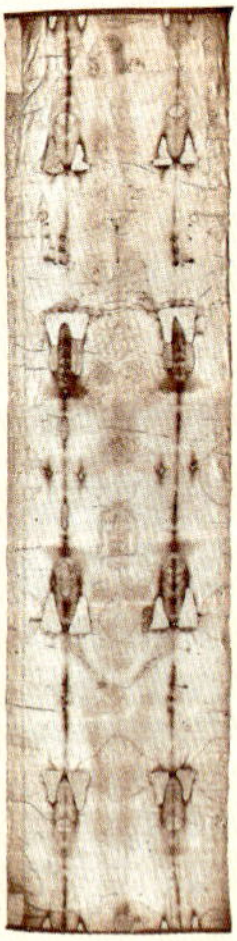

Das weltberühmte »Grabtuch von Turin« wird im Dom aufbewahrt

Der »Eiffelturm Turins«: die Mole Antonelliana

Leuchtturm mit einer vier Meter hohen Statue gekrönt ist. Der mächtige Baukörper ist innen gänzlich hohl, ein gläserner Panoramaaufzug schwebt bis zur Terrasse in 90 Metern Höhe hinauf, der Blick nach unten ist fantastisch, ebenso der Panoramablick auf Turin und die gesamten Westalpen. Ein weiteres Highlight ist das **Museo Nazionale del Cinema** ➡ bB3/4, das eine der weltweit größten Sammlungen rund um den Film zeigt. Von hier aus gelangt man in gut zehn Minuten zurück zur Piazza Castello.

Nach einer Stärkung lohnt sich ein Bummel über die **Via Roma**. Von der Piazza Castello führt die Prachtstraße Turins mit beidseitigen Arkadengängen zum Bahnhof im Süden der Stadt. Auf halber Strecke liegt die barocke **Piazza San Carlo** ➡ bB2 mit den beiden Kirchen **Santa Cristina** und **San Carlo** und drei historischen Cafés: Torino, San Carlo und Neuv Caval'd Brôns.

Nur wenige Ecken entfernt steht der **Palazzo dell'Accademia delle Scienze** mit dem **Museo Egizio** ➡ bB3 (Ägyptisches Museum), das nach dem Museum von Kairo die größte altägyptische Sammlung der Welt besitzt. Der barocke **Palazzo Carignano** ➡ bB3 an der benachbarten autofreien Piazza Alberto war Sitz vom Parlament des Königreichs

Sardinien. Am 17. März 1861 wurde hier das vereinigte Königreich Italien ausgerufen, danach war der Palast bis 1865 Sitz des italienischen Parlaments, bis Florenz und schließlich Rom Hauptstadt wurden. Das große **Museo Nazionale del Risorgimento** ➡ bB3 bewahrt Erinnerungen an die Zeit vom *Risorgimento* bis zum Zweiten Weltkrieg auf, der Parlamentssaal des Königreichs Sardiniens ist im Originalzustand erhalten, die Sitzplätze von Cavour und Garibaldi sind markiert.

Am Südende der Via Roma steht der Bahnhof **Stazione Porta Nuova** ➡ bB/bC2, ein eindrucksvoller Bau des 19. Jahrhunderts. Wenige Fußminuten entfernt liegt direkt am Po der 60 Hektar große **Parco del Valentino** ➡ bC/bD3. Hier kann man Bootstouren machen und Fahrräder sowie Fahrraddroschken leihen; im Ristorante Imbarco Perosino sitzt man besonders schön direkt am Wasser. Im Süden des Parks liegt der **Borgo Medievale** ➡ bD3, eine mittelalterliche Burg mit einer kleinen Ortschaft im Stil der französischen Gotik, rekonstruiert nach Vorbildern im Aostatal.

Westliches Zentrum

Auf der lang gestreckten Piazza Solferino findet man das neue Ausstellungszentrum **Torino Atrium** ➡ bB2. In zwei ultramodernen Glaspavillons sind städtebauliche Projekte sowie die Olympischen Winterspiele von 2006 und ihre Bedeutung für Turin dargestellt.

Weiter westlich kann man in der Nähe des Bahnhofs Porta Susa das **Museo Civico Pietro Micca e dell'Assedio di Torino del 1706** ➡ bA1 besuchen, das an die Belagerung Turins durch französische Truppen im Jahr 1706 erinnert. Die Belagerer gruben damals Gänge unter der Stadt, Pietro Micca konnte das Eindringen der Franzosen verhindern, kam dabei aber selbst ums Leben. Vom Museum aus kann einer der Tunnel begangen werden.

Weithin unter »La GAM« bekannt ist die große **Galleria Civica d'Arte Moderna e Contemporanea (GAM)** ➡ bB1 im südwestlichen Zentrum, die eine der größten Sammlung moderner Kunst in Italien besitzt – neben italienischen Werken auch solche von internationalen Größen wie Picasso, Chagall, Paul Klee und Andy Warhol.

Arkaden an der Via Roma in Turin

Il Lingotto

Fiat 500

Etwa drei Kilometer südlich vom Zentrum steht die einstige Autofertigungshalle von Fiat. Sie hat eine eigene Bahnstation, die Metro fährt vom Zentrum ebenfalls dorthin oder man nimmt Bus/Tram 1 ab Bahnhof Porta Nuova. Die 500 Meter lange und fünf Stockwerke hohe Halle wurde 1923 eröffnet, bis zu 30 000 Menschen haben hier zeitweise gearbeitet. Mitte der 1980er Jahre wurde sie zu einem Kongress-, Messe- und Einkaufszentrum umgebaut.

Alle zwei Jahre findet hier seitdem die internationale Automobilmesse statt, außerdem der »Salone del Gusto«, der sich zum viel beachteten Treffpunkt der Slowfood-Bewegung entwickelt hat. Auf dem Dach liegt eine ehemalige Rennbahn, daneben sieht man die blaue Blase »La Bolla«, einen Tagungsraum von Fiat, außerdem zeigt die **Pinacoteca Giovanni e Marella Agnelli** Werke aus der Privatsammlung der Familie Agnelli. Ganz in der Nähe steht am Po-Ufer das **Museo dell'Automobile**, das größte Automobilmuseum Italiens. Neben dem Lingotto liegt das besuchenswerte kulinarische Einkaufszentrum Eataly (www.eataly.net, tägl. 10–22.30 Uhr).

Ausflüge in die Umgebung

Die majestätische Kuppelkirche **Basilica di Superga** ➡ A5 (1717–31), das Meisterwerk Filippo Juvarras, wurde acht Kilometer östlich von Turins Zentrum auf einem 660 Meter hohen Hügel erbaut – von dort bietet sich ein einzigartiger Blick, besonders aus der 75 Meter hohen Kuppel, die bestiegen werden kann. In der Krypta ruhen 58 savoyisch-italienische Herrscher. Im Mai 1949 starb die gesamte Fußballmannschaft des AC Torino, als deren Flugzeug am Superga-Hügel abstürzte.

Das Schloss **La Palazzina di Caccia di Stupinigi** ➡ B4, gelegen in einem großen Park zehn Kilometer südlich vom Zentrum, wurde ebenfalls von Juvarra erbaut. Aus dem ursprünglich nur als Jagdvilla geplanten Bau wurde eine prächtige Residenz mit halbkreisförmigen Flügeln, die heute als eine der schönsten Schlossanlagen Italiens gilt.

Das **Castello di Rivoli** ➡ A3 im westlichen Vorort Rivoli (Shuttlebusse ab Metrostation Fermi) sollte dagegen eins der größten Schlösser Europas werden. Auch hier war wieder Juvarra federführend, doch nur ein kleiner Teil der ursprünglichen Konzeption wurde realisiert. Heute kann man hier ein umfassendes **Museo d'Arte Contemporanea** besuchen, dessen Werke einen schönen Kontrast zu den alten Stuck- und Deckenmalereien bilden.

Acht Kilometer nördlich von Turin steht schließlich die **Reggia di Venaria Reale** ➡ A4, der mit Abstand größte Palast Turins und der zweitgrößte Italiens, erbaut im 17. Jahrhundert als Jagd- und Lustschloss, später von den Franzosen zerstört und unter Mitwirkung von Filippo Juvarra wiederaufgebaut (seit 2008 UNESCO-Weltkulturerbe). Nach achtjähriger Restaurierung sind über 50 Räume, die Gärten (mit Touristenbähnlein) und die Reitställe zu besichtigen. Ein besonderes Meisterwerk ist die stuckverzierte, 80 Meter lange Galleria Grande im Südflügel, die für ihre interessanten Lichtverhältnisse berühmt ist.

Service-Informationen Turin/Torino

Mit **Torino + Piemonte Card** erhält man freien Eintritt in alle Museen in Turin und Umgebung, kann Bus und Tram, den Panoramalift in der Mole Antonelliana sowie die Zahnradbahn zur Basilica di Superga kostenlos nutzen, bekommt außerdem in den Bussen von City Sightseeing Torino € 5 Rabatt. Die Karte (gültig für 1, 2, 3 oder 5 Tage) ist zu erwerben ab € 29. Die Juniorkarte bis 18 J. gibt es nur für 2 oder 3 Tage für € 15/19. Erhältlich sind sie in den Informationsbüros (www.turismotorino.org).

Turismo Torino ➡ bA3
Piazza Castello/Via Garibaldi
10121 Turin
✆ 011 53 51 81
www.turismotorino.org
Tägl. 9–18 Uhr
Weitere Informationsstelle an der **Piazza Carlo Felice** vor dem Bahnhof Porta Nuova (tägl. 9–18 Uhr).

Galleria Civica d'Arte Moderna e Contemporanea (GAM) ➡ bB1
Via Magenta 31, Turin
✆ 011 442 95 18
www.gamtorino.it
Tägl. außer Mo 10–18 Uhr
Eintritt € 10/8, bis 18 J. u. 1. Di im Monat frei
Eine der landesweit größten Sammlungen moderner Kunst mit italienischem Schwerpunkt.

Museo dell'Automobile ➡ südl. bD2
Corso Unità d'Italia 40, Turin
✆ 011 67 76 66, www.museoauto.it
Mo 10–14, Di 14–19, Mi/Do und So 10–19, Fr/Sa 10–21 Uhr
Eintritt € 12/8
Das Automobilmuseum zeigt ca. 200 Fahrzeuge.

Museo Civico Pietro Micca e dell'Assedio di Torino del 1706 ➡ bA1
Via Guicciardini 7, Turin
✆ 011 54 63 17
www.museopietromicca.it
Tägl. außer Mo 10–18 Uhr, Eintritt € 3, Tunnelführung Di–Sa 3-mal tägl., So 4-mal tägl.
Das Museum befasst sich mit der Belagerung Turins im Jahr 1706. Ein Tunnelbesuch ist möglich.

Museo Egizio ➡ bB3
Via Accademia delle Scienze 6
Turin (im Palazzo dell'Accademia delle Scienze)
✆ 011 561 77 76
www.museoegizio.it
Mo 9–14, Di–So 8.30–19.30 Uhr
Eintritt € 15/11
Ägyptisches Museum mit etwa 6500 Ausstellungsstücken.

Museo Nazionale del Risorgimento ➡ bB3
Via Accademia delle Scienze 5
Turin
✆ 011 562 11 47
www.museorisorgimentotorino.it
Tägl. außer Mo 10–18 Uhr
Eintritt € 10/8
Im Palazzo Carignano erinnert man an die italienische Epoche des Risorgimento.

Pinacoteca Giovanni e Marella Agnelli ➡ südl. bD1
Via Nizza 262, Turin
✆ 011 006 27 13
www.pinacoteca-agnelli.it
Tägl. außer Mo 10–19 Uhr
Eintritt € 10/8
Nach ihren Stiftern benanntes Kunstmuseum; erbaut von Renzo Piano.

Borgo Medievale ➡ bD3
Viale Virgilio 107

Parco del Valentino, Turin
✆ 011 443 17 01/02
www.borgomedioevaletorino.it
Borgo tägl. 9–19, im Sommer bis 20 Uhr, Rocca tägl. außer Mo 10–18 Uhr, nur mit Führung (ca. 45 Min.)
Eintritt Borgo frei, Rocca € 6/5, 1. Di im Monat frei, Garten € 3
Die mittelalterliche Festung ist umgeben von einem Handwerkerdorf.

2 Mole Antonelliana & Museo Nazionale del Cinema ➡ bB3/4
Via Montebello 15, Turin
✆ 011 813 85 60
www.museocinema.it
Tägl. außer Di 9–20, Sa bis 23 Uhr, Aufzug € 7/5, Museum € 10/8, Kombiticket für Aufzug und Museum € 14/11
167,5 m hohes Wahrzeichen der Stadt mit Filmmuseum.

Palazzo Madama & Museo Civico d'Arte Antica ➡ bA/bB3
Piazza Castello, Turin
✆ 011 44 335 01
www.palazzomadamatorino.it
Großes Treppenhaus und Museum, tägl. außer Di 10–18 Uhr
Treppenhaus frei, Eintritt Museum € 12/10, bis 18 J. frei
Der ehemalige Stadtpalast der Savoyer beherbergt ein umfangreiches Museum, das v. a. Werke aus Spätantike und Mittelalter zeigt.

Palazzo Reale ➡ bA3
Piazza Castello 191, Turin
✆ 011 522 04 21
www.poloreale.beniculturali.it
Tägl. außer Mo 8.30–19.30, letzter Einlass 18 Uhr
Eintritt € 12/6 (Kombiticket für Palazzo Reale, Armeria Reale, Galleria Sabauda und das archäologische Museum Museo di Antiquità), 1. So im Monat Eintritt frei
Das einstige Residenzschloss der Savoyen gehört zum UNESCO-Weltkulturerbe. Berühmt sind das prunkvolle Treppenhaus und die ebensolchen Räume.

Del Cambio ➡ bB3
Piazza Carignano 2, Turin
✆ 011 54 66 90
www.delcambio.it
Tägl. außer Mo 12.30–14.30, Di–Sa auch 19.30–22.30 Uhr
Historisches Lokal seit 1757, Küche feinster piemontesischer Tradition. Reservierung erforderlich, für Herren Jackett erwünscht. €€€

Der Palazzo Madama beherbergt das Museo Civico d'Arte Antica und ist Teil des UNESCO-Weltkulturerbes Residenzen des Hauses Savoyen

Tre Galline ➡ bA2
Via Bellezia 37
Nähe Piazza della Repubblica, Turin
✆ 011 436 65 53
www.3galline.it
Sa mittags, sonst nur abends geöffnet, So geschl.
Das Traditionslokal ist eines der ältesten der Stadt. Im behaglichen Saal werden typische Piemonteser Speisen serviert, Degustationsmenü ca. € 50, Reservierung empfohlen. Zum Lokal gehört auch die **Vineria Tre Galli**. €€–€€€

L'Osto del Borgh Vej ➡ bA2
Via Torquato Tasso 7, am Largo Bottero, westlich vom Dom, Turin
✆ 011 436 48 43
www.losto.it
So abends geschl.
Kleine gemütliche Osteria, die Wände sind mit historischen Fotografien geschmückt. Gute Küche und nette Atmosphäre. Reservierung nötig. €€

Valenza ➡ bA2
Via Borgo Dora 39, im gleichnamigen Viertel nördlich des breiten Corso Regina Margherita, hinter dem Park des Königsschlosses
Turin

Schokolade hat Tradition in Turin

✆ 011 521 39 14
Mo und So geschl. (außer an den Tagen des Gran Balôn)
Einfache, alteingesessene Trattoria, »Mamma Giuditta« bereitet leckere Hausmannskost, ihr Mann Walter und Sohn Luca bedienen. Man kann auch im Freien sitzen. €–€€

Gelateria Pepino ➡ bB3
Piazza Carignano 8, Turin
Tägl. außer Do ab 9.30, So/Mo bis 21.30, sonst bis 22.30 Uhr
Spezialität der Eisdiele ist seit rund 120 Jahren *pinguino*, ein weißes Eis mit dünner Schokoladenschicht.

The Beach ➡ bC3
Via Murazzi del Po
Arcate18/20/22, Turin
✆ 327 857 78 22
Mo geschl.
Einer der angesagtesten Treffpunkte.

Mercato di Porta Palazzo und andere Märkte ➡ bA2/3
Piazza della Repubblica, Turin
Mo–Fr 7–14, Sa 7–19.30 Uhr
Einer der größten offenen Märkte Europas. Samstags kann man in der nahen Via Borgo Dora den populären Floh- und Antiquitätenmarkt **Balôn** besuchen, jeden zweiten Sonntag im Monat heißt er sogar **Gran Balôn**.

Navigazione sul Po ➡ bC3
Via Murazzi del Po, Turin
✆ 011 576 47 50
www.gtt.to.it
Rundfahrten auf dem Po bietet GTT (Gruppo Torinese Trasporti). Abfahrt an den Kais von Murazzi (unterhalb Ponte Vittorio Emanuele I), bis Borgo Medioevale im Parco del Valentino (und zurück) und weiter bis Italia 61. Abfahrten je nach Saison bis zu 12-mal tägl., Retourticket Murazzi–Borgo Medioevale Mo–Fr € 4, Sa/So € 6 (bis Italia 61 € 6/9).

Im Café Torino an der Piazza San Carlo in Turin

Ausflugsziele:

Basilica di Superga ➡ A5
Strada Comunale della Basilica di Superga 73, Turin (ca. 10 km östl. vom Turiner Zentrum)
Mit Tram 15 ab Piazza Castello, von der Endstation Sassi am Piazzale Modena fährt die Zahnradbahn Tranvia in 20 Minuten hinauf (etwa stündlich, hin und zurück € 6, Sa/So € 9, Mi geschl., dann fährt ein Bus)
✆ 011 899 74 56
www.basilicadisuperga.com
Savoyer-Gräber und königliche Gemächer im benachbarten Kloster: März–Okt. tägl. 10–13.30 und 14.30–19.30, sonst Sa/So 10–13.30 und 14.30–18.30 Uhr, Eintritt € 5/4
Kuppel: März–Okt. Mo, Mi–Fr 10–18, Sa 9.30–19, So 12.45–19, sonst nur Sa 9.30–17, So 12.45–17 Uhr, Eintritt € 3/2
Kuppelkirche auf 660 m hohem Hügel mit schönem Blick auf die Umgebung.

Castello di Rivoli/Museo d'Arte Contemporaneo ➡ A3
Piazza Mafalda di Savoia, Rivoli (ca. 20 km westl. vom Turiner Zentrum)
✆ 011 956 52 22
www.castellodirivoli.org
Di–Fr 10–17, Sa/So 10–19 Uhr
Eintritt € 6,50
Zeitgenössische Kunst in barocker Schlossanlage.

Palazzina di Caccia Stupinigi ➡ B4
Piazza Principe Amedeo 7
Stupinigi, Nichelino (10 km südl. von Turin)
✆ 011 620 06 34
www.ordinemauriziano.it
Di–Fr 10–17.30, Sa/So 10–18.30 Uhr
Eintritt ca. € 12/8
Eine der schönsten Schlossanlagen Italiens.

Reggia di Venaria Reale
➡ A4
Piazza della Repubblica 4, Venaria Reale (ca. 17 km nördl. vom Turiner Zentrum)
✆ 011 499 23 33
www.lavenaria.it
Di–Fr 9–17, Sa/So 9–18.30 Uhr
Eintritt € 25, Familienangebot: bis zu 4 Kinder (6–15 J.) € 1
Der weitläufige Palast ist seit 1997 Weltkulturerbe der UNESCO. Für eine Besichtigung sollte man mehrere Stunden einplanen. ■

Reiseregionen, Orte und Sehenswürdigkeiten

LIGURIEN

Die landschaftlich höchst reizvolle Küstenzone zwischen der Toskana und Frankreich ist eines der großen Urlaubsziele Italiens. Schon im 19. Jahrhundert urlaubte der Adel an der italienischen Riviera, später gefolgt von Geldadel und Prominenz. Die Voraussetzungen für einen gelungenen Urlaub sind tatsächlich hervorragend, denn fast jeder Ort verfügt über einen Sandstrand, dazu kommen die bildhübsch verschachtelten Gemäuer der einstigen Fischerdörfer, wo man sich in nach wie vor authentischer Atmosphäre so richtig wohl fühlen kann. Natürlich, keine Frage, allein ist man hier nicht, doch das sucht auch kaum jemand, der sich zur Riviera aufmacht – denn Urlaub bedeutet hier vor allem das Miteinander von Einheimischen und den Gästen aus aller Welt.

Riviera di Levante östlich von Genua

Östlich von Genua erstreckt sich das schönste und ursprünglichste Stück der italienischen Riviera. Die bewaldete Felsküste prangt mit üppiger subtropischer Vegetation, malerische Dörfer und Städtchen schmiegen sich in die tief eingeschnittenen Buchten. Während Santa Margherita Ligure, Rapallo und Sestri Levante schon in der Belle Époque von großer Anziehungskraft waren, ist es heute die malerische Küstenzone Cinque Terre, die mit dem Pkw nur mühevoll erreicht werden kann und deshalb in aller Welt als Wanderziel bekannt ist. Auch die einsame Halbinsel von Portofino ist bei Wanderern beliebt, während sich das einst abgeschiedene Portofino selbst zur Jet-Set-Enklave entwickelt hat.

Die Vista Points sind geografisch sortiert, von Genua ausgehend nach Osten.

Eines der berühmten Postkartenmotive der italienischen Riviera: Camogli

3 Camogli ➡ F11

Die Fischerstadt am Beginn der großen, aber fast unbesiedelten Halbinsel von Portofino war vor 200 Jahren eine starke Flottenmacht. Noch heute imponieren die bis zu sieben Stockwerke hohen Fassaden um das malerische Hafenbecken und oberhalb des grauen Kiesstrandes. Die Häuser wurden so hoch gebaut, heißt es, damit die Ehefrauen ihre heimkehrenden Männer so früh wie möglich erkennen konnten.

Am Westende des Strandes thront die verschwenderisch ausgestattete Kirche **Santa Maria Assunta**. Der idyllische Fischerhafen liegt im Windschatten des **Castello Dragone**, Treppengassen führen hinauf zur Oberstadt.

Fast schon ein Muss ist der Schiffsausflug zur Benediktinerabtei 4 **San Fruttuoso**, die sich in einer Bucht mit Kiesstrand und kristallklarem Wasser an der Südseite der Halbinsel von Portofino befindet. Besichtigen kann man den Abtspalast aus dem 14. Jahrhundert, die Kirche aus dem 11. Jahrhundert, einen Kreuzgang und die Gräber der genuesischen Doria.

4 Abbazia di San Fruttuoso ➡ F11
Camogli
✆ 01 85 77 27 03
www.fondoambiente.it
Juni–Sept. tägl. 10–18, Okt.–Mai tägl. 10–16 Uhr, Nov.–Feb. Mo geschl., Eintritt € 7,50/4,50
Der Klosterkomplex ist zu Fuß oder per Schiff zu erreichen.

La Camogliese ➡ F11
Via Garibaldi 78
Camogli
✆ 01 85 77 10 86
Im Winter Mi geschl.
Verglaster Holzbau mit Terrasse in luftiger Höhe über dem Strand, serviert werden vor allem Fischgerichte. €€–€€€

Benediktinerabtei Abbazia di San Fruttuoso

Forno Revello ➡ F11
Via Garibaldi 183, Camogli
www.revellocamogli.com
Ein leckeres Mitbringsel aus Camogli ist das Rundgebäck namens *camogliesi*, das Giuseppe Revello in zwei Variationen fertigt: mit Rum, Caffè, Amaretto und Schoko-Nuss-Creme *(Gianduia)* sowie mit Mandel, Nuss, Orange und Amaretto.

Schiffsausflug nach San Fruttuoso ➡ F11
Via Piero Schiaffino 14/5
Camogli
✆ 01 85 77 20 91
www.golfoparadiso.it
Die Reederei Golfo Paradiso fährt bis zu zehnmal täglich zur Klosterbucht und wieder zurück (€ 14). Variante: Man kann nach Portofino weiterfahren und kehrt nach einer Stunde Aufenthalt wieder nach Camogli zurück (€ 19 hin/zurück). Die Fahrt zur Badestelle Punta Chiappe kostet ca. € 10 hin und zurück.

Rapallo ➡ F11

Der Kurort am Ostfuß der großen Halbinsel von Portofino war einst ein berühmter Prominententreff der Belle Époque und wurde wohl auch deswegen als Schauplatz des Rapallo-Vertrags von 1922 auserkoren, in dem die Sowjetunion und Deutschland nach dem Ersten Weltkrieg erstmals wieder diplomatische Beziehungen aufnahmen. Abgeschlossen wurde der Vertrag im **Excelsior Palace Hotel**, das auch heute noch einen hervorragenden Ruf genießt.

An der langen **Palmenpromenade** genießt man den schönen Buchtblick, linker Hand steht hier das **Castello**, eine exponierte Wasserburg, die für Ausstellungen genutzt wird. Die sympathisch-bodenständige Altstadt hinter der Promenade bietet viele Möglichkeiten zum Einkaufen.

Ausflugstipp: Mit einer Kabinenseilbahn kann man vom nördlichen Stadtrand (beschildert) zur **Wallfahrtskirche Montallegro** hinauffahren und das herrliche Panorama genießen.

Funivia Montallegro ➡ F11
Piazzale Silvio Solare 2, Rapallo
✆ 01 85 523 41
www.funiviamontallegro.com
März–Okt. tägl. 9–17 Uhr, alle 30 Min., € 8/5 hin und zurück
In nur 8 Min. geht es hinauf zum Santuario di Montallegro.

Santa Margherita Ligure

➡ F11

Das gepflegte Städtchen zwischen Rapallo und Portofino ist das touristische Zentrum der Portofino-Halbinsel und bietet viel fürs Auge. Die lange, palmenbestandene **Uferstraße** in der großen Bucht wird von eleganten Palazzi flankiert, im Wasser ankern Hunderte von weißen Yachten, in der Umgebung thronen Luxusvillen und Grandhotels an den Hängen, dazu genießt man den Blick auf die Küste in Richtung Osten. Baden lässt es sich hier zwar kaum, aber ein Großteil der begüterten Klientel kann vom eigenen Boot aus ins Wasser springen.

Villa Durazzo-Centurione
➡ F11
Via San Francesco d'Assisi 3
Santa Margherita Ligure
✆ 01 85 28 24 49
www.villadurazzo.it
Villa: tägl. 9–13 und 14–18, im Winter tägl. 9–13 und 14–17 Uhr, Eintritt € 5,50; Garten: tägl. 9–19, im Winter 9–17 Uhr
Eintritt frei
Die Renaissancevilla steht auf einem Hügel über der Stadt inmitten eines großen öffentlichen Parks. Die schöne Panoramaterrasse ist mit allegorischen Skulpturen geschmückt, im Inneren kann man das Originalmobiliar aus dem 18. Jahrhundert, Muranoleuchter, Gobelins und eine Gemäldegalerie bewundern.

Caffè del Porto ➡ F11
Via Bottaro 32
Santa Margherita Ligure
✆ 01 85 28 70 44
Mo–Do 12–14.30, 18.30–22.30, Fr/Sa 12–23 Uhr, So geschl.
Enoteca, Ristorante und Café direkt an der Uferstraße, hübsch und gemütlich eingerichtet. Verlockend und vielfältig ist das Angebot an Antipasti, *focacce*, Pizza und Panini, man kann aber auch ganze Menüs ordern und auch Wein kaufen. €€

5 Portofino ➡ F11

Das stilvolle Örtchen in einer beschaulichen Bucht ist das mondänste und teuerste Pflaster der Riviera, die Prominenz lässt sich per Hubschrauber einfliegen oder reist mit der Luxusyacht an. Für Normalsterbliche ist zu empfehlen, ab Santa Margherita Ligure den Pendelbus zu nehmen, denn sogar das Parken ist hier teuer. In den romantischen Ristoranti am Hafen kann man das Budget ebenfalls entscheidend belasten.

Von Portofino verkehren Pendelfähren zur 4 **Abtei San Fruttuoso** (vgl. Camogli S. 29), man kann aber auch wandern (ca. 2 Std.). Weniger anstrengend ist es zur

Kirche San Giorgio hinaufzusteigen und den Weg zum **Leuchtturm** an der Südostspitze des Kaps zu nehmen (ca. 30 Min.) – vor allem zum Sonnenuntergang ein äußerst beliebtes Plätzchen.

Tourist Information → F11
Via Roma 35
16034 Portofino
✆ 01 85 26 90 24

I Gemelli → F11
Calata Marconi 7, Portofino
✆ 01 85 26 92 57
Tägl. geöffnet
Bei den Zwillingen Paolo und Matteo sitzt man in Bestlage im Hafen, genießt das Ambiente und die leckere Fischküche zu stolzen Preisen. €€€

Taverna del Marinaio → F11
Piazza Martiri dell'Olivetta 36
Portofino
✆ 01 85 26 91 03
www.tavernadelmarinaio.com
Nebensaison Di geschl.
Unter den Arkaden hat man einen schönen Hafenblick, die Fischküche gehört zu den besten im Ort, der Service ist zuvorkommend. €€€

Concordia → F11
Via del Fondaco 5, Portofino
✆ 01 85 26 92 07
Nebensaison Di geschl.
Etwas abseits im oberen Ortsbereich, familiär geführt, hier speist man etwas günstiger als im Hafen unten. €€–€€€

Chiavari → F11/12

Eine authentische Stadt ohne Riviera-Glamour, das alte Zentrum besteht aus rechtwinklig zueinander verlaufenden Gassen, die noch auf eine altrömische Garnison zurückgehen. In den schattigen Laubengängen verstecken sich viele Geschäfte, urige Trattorien und klassische Cafés, z. B. das Café »Defilla« an der Piazza Roma.

Museo Archeologico & Civica Galleria → F11/12
Palazzo Rocca an der Piazza Matteotti, Chiavari
✆ 01 85 32 08 29
Museum Di–Sa 9–13.30, Civica Galleria Sa/So 10–12 und 16–19 Uhr
Eintritt frei
Im Archäologischen Museum sind gut erhaltene Funde aus den nahen Nekropolen des 7. Jh. v. Chr.

Das mondänste und teuerste Pflaster Liguriens: Portofino

und in der Pinakothek Werke der genuesischen Schule (17./18. Jh.) sowie historische Möbel zu sehen. Der angeschlossene Botanische Garten ist täglich zugänglich.

Sestri Levante ➡ G12

Die sympathische Badestadt besitzt im Zentrum zwei Sandstrände: Die lange **Baia delle Favole** mit Palmenpromenade und – durch eine dicht bewachsene Halbinsel davon getrennt – die idyllische **Baia del Silenzio**, eine halbrunde Sandbucht, wo man vor der Kulisse pastellfarbener Palazzi und zwischen Fischerbooten badet. Die Hauptgasse **Via XXV Aprile** ist Fußgängerzone und lädt zum Bummeln zwischen Gelaterie, Ristoranti und Straßenmusikern ein.

Tourist Information ➡ G11/12
Piazza Sant'Antonio 10
16039 Sestri Levante
✆ 01 85 45 70 11
www.sestri-levante.net

Portobello ➡ G11/12
Via Portobello 16, Sestri Levante
✆ 01 854 15 66
www.ristoranteportobello.com
Tägl. außer Mi 12.30–14.30 und 19.30–22.30 Uhr
Gehobenes Fischrestaurant am oberen Ende der Baia del Silenzio, man sitzt traumhaft schön direkt am Wasser. €€–€€€

In der Bar Barolino in Levanto

Levanto ➡ G13

Das Eingangstor zur berühmten Cinque Terre ist ein eher unspektakuläres Städtchen mit hügligem Altstadtzentrum. Am Meer verläuft etwas erhöht eine ehemalige Bahntrasse, nunmehr Flanierpromenade, mit weitem Blick auf den breiten Sandstrand. Es gibt einen begrünten Stadtpark an der Piazza Staglieno und die originelle Piazza Cavour, die völlig von Häusern umgeben ist und fast wie ein großer Innenhof wirkt.

Nah am Meer steht in schöner Hügellage die gotische Kirche **Sant'Andrea** mit ihrer auffallenden Streifenfassade. Von dort kann man weiter zum **Castel San Giorgio** hinaufsteigen und – wenn man will – in zweieinhalb Stunden auf dem »Sentiero rosso 1« ins benachbarte **Monterosso**, den ersten Ort der Cinque Terre, wandern. Mit der Bahn benötigt man nur fünf Minuten dorthin – mit dem Auto hingegen müsste man sich gut 30 Minuten lang hoch über die Küstenberge quälen.

Tourist Information ➡ G13
Piazza Cavour
19015 Levanto
✆ 01 87 80 81 25
info@comune.levanto.sp.it

Cavour ➡ G13
Piazza Cavour 1, Levanto
✆ 01 87 80 84 97
www.trattoriacavour.it
Mo geschl.
1911 eröffnet, idyllischer Gastgarten an der versteckten Piazza Cavour. Man sitzt geborgen unter schattigen Bäumen, gute Meeresküche, mittlere Preise. €€

Monterosso al Mare ➡ G13

Der größte Ort der ⑥ **Cinque Terre** hat nicht den Charme und die Abgeschiedenheit der anderen vier. Allerdings gibt es hier zahl-

Am schönen, langen Sand-Kies-Strand von Monterosso al Mare

reiche Unterkünfte und den einzigen Sandstrand der Cinque Terre. Vom alten Ortskern, der sich zum Meer hinunterzieht, geht man durch einen Fußgängertunnel zur Neustadt Fegina mit dem Strand, über dem eine gemütliche Promenade verläuft. Auf dem Hügel über dem Tunnel stehen das **Kapuzinerkloster San Francesco** aus dem 17. Jahrhundert und eine mittelalterliche **Burgruine** mit dem Friedhof von Monterosso.

In das benachbarte **Vernazza** kommt man per Boot oder Bahn (der Bahnhof liegt an der Promenade in Fegina). Aufregender ist aber der wild-romantische Fußweg entlang der Küste, dafür ist man knapp zwei Stunden unterwegs und genießt den Blick auf die Cinque-Terre-Dörfer. Der Weg beginnt in der Bucht vor dem alten Ortskern und führt nach links am herrlich gelegenen Hotel Porto Roca vorbei.

Tourist Information ➡ G13
Via Fegina 38, im Bahnhof in der Neustadt
19016 Monterosso al Mare
✆ 01 87 81 75 06
www.prolocomonterosso.it

Il Ciliegio ➡ G13
Località Beo
✆ 01 87 81 78 29
www.ilciliegio5terre.com
Tägl. geöffnet, nur abends
Gemütliches Panoramalokal 3 km oberhalb von Monterosso in Richtung Levanto, die Küche wird allgemein gelobt. €€–€€€

La Lampara »Ciak« ➡ G13
Piazza Don Minzoni, in der Altstadt bei der Kirche
Monterosso al Mare
✆ 01 87 81 70 14
www.ristoranteciak.net
Mi geschl.
Populäre Taverne mitten im alten Zentrum, auf der überdachten Terrasse tafelt man an langen Tischen und genießt die fröhliche Atmosphäre. €€

Enoteca Internazionale ➡ G13
Via Roma 62, Hauptstraße im alten Ortskern
Monterosso al Mare
✆ 01 87 81 72 78
www.enotecainternazionale.com
Nebensaison Di geschl.
Rustikale Weinstube, in der sich auch die Einheimischen treffen. Gute regionale Weine, dazu auch

6 Die Cinque Terre – Bekanntester »Geheimtipp« Italiens

Fünf Orte – Monterosso, Vernazza, Corniglia, Manarola und Riomaggiore – reihen sich auf an einem zwölf Kilometer langen Küstenstreifen mit felsigen Abstürzen, Weinterrassen und üppiger mediterraner Vegetation. Pastellfarbene Häuser staffeln sich in tiefen Einschnitten übereinander, zwischen abenteuerlich steilen Treppenwegen und Fischerbooten genießt man die urige Atmosphäre und den Blick aufs Meer. Seit 1997 stehen die Cinque Terre als Weltkulturerbe unter dem Schutz der UNESCO.

Noch im 19. Jahrhundert waren die Dörfer von Land her fast unzugänglich und konnten nur mit Booten erreicht werden. Dann kam die Eisenbahn und in den 1970er Jahren begann mit dem Straßenbau die Entdeckung der versteckten Idylle. Inzwischen kommen Reisende aus der ganzen Welt hierher, die meisten als Tagesausflügler.

Wer mit dem Pkw anreist, muss eine langwierige Anfahrt in Kauf nehmen und den Wagen weit außerhalb abstellen, denn alle Orte sind für den Autoverkehr gesperrt. Am besten lässt man den Wagen im westlichen Nachbarort Levanto stehen und nimmt den Zug, mit dem man in wenigen Minuten Monterosso erreicht, zu den weiteren Cinque-Terre-Orten braucht man nur je fünf bis zehn Minuten. Natürlich kann man auch mit dem Schiff fahren, doch wer etwas auf sich hält, der geht zu Fuß: Ein malerischer Wanderpfad führt hoch über dem Meer entlang und verbindet alle Orte miteinander (Gesamtdauer ca. 5–6 Std.). Hier kann man die herrliche Küstenlandschaft hautnah erleben – ist dabei allerdings selten allein, denn auch im fernen Amerika und Australien ist der Geheimtipp »Cinque Terre« in aller Munde. Um die Wege instand zu halten, wird seit einigen Jahren Eintrittsgeld für Wanderungen zwischen Monterosso und Riomaggiore erhoben: für einen Tag € 7,50, für zwei Tage € 14,50 (erhältlich in den Bahnhöfen). Ebenfalls für einen oder zwei Tage gibt es Tickets, mit denen Züge und Pendelbusse (von den Parkplätzen zu den Ortszentren) benutzt werden können.

Neben Riomaggiore zählen vier weitere Dörfer der Cinque Terre zum UNESCO-Weltkulturerbe

Romantik pur: Vernazza in den Cinque Terra

feine Tropfen aus anderen Regionen. An einigen Tischen im Freien kann man die leckeren *bruschette* kosten.

Vernazza ➡ G/H13

Romantik pur im vielleicht schönsten Ort der 6 **Cinque Terre**. Eine wunderhübsche kleine Hafenpiazza mit pastellfarbenen Häusern und einer Mole, daneben eine Sandbucht mit der altersgrauen Pfarrkirche. Die Fischer flicken ihre Netze wie eh und je, auf dem Kap darüber steht ein alter Festungsturm, zu dem man hinaufsteigen und das Panorama der Steilhänge rundum in sich aufnehmen kann.

Wer mit dem Zug ankommt, muss nur die Hauptstraße zum Wasser hinunterlaufen, schöner ist aber der Fußweg nach Corniglia, der als der panoramareichste in den Cinque Terre gilt. Er beginnt in der Via M. Carattino, einem steilen Seitenweg der Hauptgasse, und bietet gleich zu Beginn herrliche Rückblicke, später kommt Corniglia ins Blickfeld (ca. 1,5 Std.).

Gambero Rosso ➡ G/H13
Piazza Marconi 7, Vernazza
✆ 01 87 81 22 65
www.ristorantegamberorosso.net
Mo geschl.
Direkt im Hafen speist man hier in der Regel vorzügliche und vielfältige Meeresküche zu gehobenen Preisen. €€€

La Torre ➡ G/H13
Località Preteccia
Vernazza
✆ 01 87 82 10 82
Hoch über dem Hafen liegt dieses Restaurant am Anfang des Wanderwegs nach Corniglia. Nach dem steilen Aufstieg genießt man den Sonnenuntergang und die mit Liebe zubereitete Meeresküche. €€

Corniglia ➡ H13

Im Gegensatz zu den anderen Cinque-Terre-Orten liegt Corniglia auf einem felsigen Kap hoch über dem Meer zwischen pittoresken Weinterrassen. Vor allem Wanderer findet man in dem ruhigen Ort mit seinen schlichten Gassen, kleinen Plätzen und wunderschönen Ausblicken. Ein schmaler Treppenweg führt beim Hauptplatz hinunter zur intimen Hafenbucht **Corniglia Marina**

Auf einem felsigen Vorgebirge steil über dem Meer: Corniglia

(Wegweiser), wo man oft völlig allein sein kann.

Der Bahnhof liegt östlich von Corniglia, ebenfalls unten am Meer, in den Ort steigt man auf steilen Treppenstufen hinauf. Neben dem Bahnhof erstreckt sich der Kiesstrand **Spiaggione di Corniglia**, der längste der Cinque Terre. Hier beginnt der Wanderweg nach Manarola, vorbei an den Bungalows des Villaggio Marino Europa, dann eine Dreiviertelstunde ansteigend und anschließend an den berühmten Weinterrassen vorbei und auf Treppen hinunter nach Manarola (2 Std.). Der Weg nach Vernazza beginnt dagegen bei der gotischen Kirche **San Pietro** am Ortseingang (1,5 Std.).

A Cantina de Mananàn ➡ H13
Via Fieschi 117
Corniglia
✆ 01 87 82 11 66
Nebensaison Di geschl.
Altes Bruchsteingewölbe mit wenigen Tischen; nette Atmosphäre und gute ligurische Küche, zu empfehlen sind die *pansoòti al sugo di noci* (Ravioli mit Walnusssoße). €€–€€€

Cecio ➡ H13
Via Serra 58, Corniglia
✆ 01 87 81 20 43
www.cecio5terre.com
Nebensaison Mi geschl.
Einladendes Restaurant mit Panoramaterrasse am Ortsrand. €€

Manarola ➡ H13

Bunte Häuser stehen turmhoch übereinander geschachtelt an den Steilhängen eines Einschnitts, in dem ein abgedeckter Bergbach verläuft – ein malerischer Anblick, der zu den meistfotografierten der Cinque Terre gehört. Die Hauptgasse führt zwischen den Häusern vom Bahnhof im oberen Ortsteil zu einer idyllischen Plattform über dem Meer, wo sich zwischen den Restaurants die Fischerboote stapeln. Unterhalb davon liegt eine tief eingeschnittene Bucht, in der weitere Boote ankern. Manarola besitzt keine zentrale Piazza, das Leben spielt sich an der Hauptgasse ab – die Einheimischen treffen sich vor der Kirche im oberen Ortsgebiet, die Urlauber auf der Plattform mit den Restaurants.

Via dell'Amore

Der Fußweg zwischen Manarola und Riomaggiore wurde 1930 angelegt, um den beiden Dörfern eine gute Verbindung entlang der Steilküste zu geben. Bald wurde er zum Treffpunkt der Verliebten beider Orte und bekam so seinen poetischen Namen, der ihn zum berühmtesten Fußweg Italiens machte. In den 1990er Jahren wurde er verbreitert und an einigen Stellen durch Galerien vor Steinschlag geschützt – so ist er absolut problemlos zu begehen, allerdings auch dementsprechend überlaufen, vor allem an Wochenenden.

Rechts vom Hafen führt ein Weg um eine Felsnase herum zu einer betonierten Badeplattform. Der Fußweg nach Corniglia beginnt an der Hauptstraße kurz vor dem Hafen. Vom Bahnhof aus führt die berühmte »Via dell'amore« (vgl. Kasten) nach Riomaggiore, nur 25 Minuten braucht man für diese weitgehend eben verlaufende und bestens ausgebaute Promenade.

Cappun Magru ➡ H13
Via Riccobaldi 1
Groppo, oberhalb von Manarola
✆ 01 87 76 00 57
Mi–Sa nur abends, So mittags und abends, Mo/Di geschl.
Maurizio bietet in seinem kleinen Lokal fantasievolle ligurische Fischküche auf höchstem Niveau, die Gerichte wechseln häufig. Reservierung sinnvoll (kann auf Deutsch erfolgen, Maurizios Frau stammt aus Deutschland). €€€

Riomaggiore ➡ H13

Wie auch in Manarola ziehen sich die Häuser nebeneinander ein steiles Tal entlang zum spitz zulaufenden Hafen, wo es aus Platzgründen nur Raum für Boote gibt. Die Hauptstraße ist Dreh- und Angelpunkt des öffentlichen Lebens. Der Bahnhof liegt im unteren Ortsteil, durch einen langen Fußgängertunnel kommt man zum Hafen. Auf einer Brücke über die Bahngleise erreicht man die Via dell'Amore nach Manarola.

In den oberen Ortsteil führt für wenig Geld ein *Ascensore* (Aufzug), dort kann man die Pfarrkirche **San Giovanni Battista** und die Ruine einer Genueser Burg besichtigen.

Manarola: Bootsreparatur auf der Hauptstraße

Santuario Madonna di Montenero ➡ H13
Die Wallfahrtskirche liegt am Küstenwanderweg nach Portovenere (Beginn an der Pfarrkirche) und ist zu Fuß in 50 Minuten zu erreichen, der herrliche Weitblick ist die Mühe wert.

Torre Guardiola ➡ H13
In etwa einer halben Stunde erreicht man von der Fähranlegestelle aus auf einem botanischen Lehrpfad den Küstenwachturm Torre Guardiola, den besten Aussichtspunkt bei Riomaggiore. Am Ziel gibt es eine Art Umweltzentrum mit Schautafeln zur Flora und Fauna.

La Spezia ➡ H14

Die 94 000-Einwohner-Stadt am gleichnamigen Golf ist kein typisches Touristenziel. Die italienische Kriegsmarine hat hier einen wichtigen Stützpunkt. Allerdings gibt es zwei Museen, die Beachtung verdienen: Das Kunstmuseum **Amedeo Lia** in einem ehemaligen Kloster und das archäologische **Museo del Castello** im genuesischen Kastell San Giorgio. Das Altstadtviertel **Prione** und die lange, von Palmen gesäumte Uferpromenade bieten sich zum Bummeln an, die großen **Markthallen** (von Montag bis Samstag vormittags geöffnet) an der Piazza Cavour sind ein weiterer attraktiver Anlaufpunkt.

Bequem ist die Anreise aus der Umgebung: Von den nahen Orten Portovenere und Lerici kann man mit Pendelfähren übersetzen, von der Cinque Terre aus ist man rasch mit dem Zug in La Spezia.

Tourist Information ➡ H14
Viale Italia 5 (Nähe Fährhafen)
19100 La Spezia
✆ 01 87 77 09 00
Zweigstelle auch im Bahnhof.

Museo Amedeo Lia ➡ H14
Via Prione 234, La Spezia
✆ 01 87 73 11 00
http://museolia.spezianet.it
Tägl. außer Mo 10–18 Uhr
Eintritt € 10/7
Große Kunstsammlung des Sammlers Amedeo Lia.

Museo del Castello ➡ H14
Via XXVII Marzo, La Spezia
✆ 01 87 75 11 42
Tägl. außer Di 9.30–12.30 und 17–20, im Winter 9.30–12.30 und 14–17 Uhr
Eintritt € 5,50/4, Kombiticket mit Museo Amedeo Lia € 12

Nach Genua ist La Spezia die wichtigste Hafenstadt Liguriens

Portovenere, der »Hafen der Venus«

Das archäologische Museum zeigt frühgeschichtliche und antike Funde, darunter etwa zwanzig bronze- und eisenzeitliche Statuenstelen aus dem Grenzgebiet zur Toskana.

All'Inferno dal 1905 ➡ H14
Via Costa 3, La Spezia
✆ 01 872 94 58
So geschl.
Urige, alte Osteria an der Piazza Cavour. Der Padrone zählt persönlich auf, was er anzubieten hat. €

Portovenere ➡ H14

Von La Spezia nimmt man die Panoramastraße entlang dem Golf nach Süden. Wenn man die Spitze der Halbinsel erreicht, öffnet sich eins der malerischsten Ortsbilder der Riviera – am breiten Hafenkai drängen sich farbige Hausfassaden, darüber thront ein genuesisches Kastell, vorgelagert ist die grüne **Isola Palmaria**. An Wochenenden ist Portovenere völlig überlaufen, sodass man kaum einen Parkplatz findet.

Durch das Stadttor erreicht man den schmalen **Carrugio**, der sich durch den ganzen mittelalterlichen Ortskern zieht. Am Ende steht pittoresk auf einer Klippe über dem Meer die Kirche **San Pietro** im typischen Genueser Streifenmuster, herrlich ist der Blick hinüber zur Cinque Terre. Hier kann man auch zur **Grotta Arpaia** hinuntersteigen, dem Lieblingsplatz von Lord Byron, der wie auch Shelley und Keats Anfang des 19. Jahrhunderts zeitweise im gegenüberliegenden Lerici lebte und von dort aus den Golf von Spezia mehrfach schwimmend überquerte – seitdem wird dieser *Golfo dei Poeti* genannt. Im oberen Ortsteil kommt man zur romanisch-gotischen Pfarrkirche **San Lorenzo**, kann weiter zum wuchtigen **Castello Doria** hinaufsteigen und den herrlichen Blick genießen.

Tourist Information ➡ H14
Piazza Bastreri 7
19100 Portovenere
✆ 01 87 79 06 91
www.prolocoportovenere.it

Castello Doria ➡ H14
Portovenere
April–Okt. tägl. 10.30–18.30 Uhr, Nov.–März nur Sa/So
Eintritt € 5

Die Festung erhebt sich eindrucksvoll am Golf La Spezia.

Antica Osteria del Carugio
➡ H14
Via Capellini 66, Portovenere
✆ 01 87 79 06 17
www.anticaosteriadelcarugio.com
Do geschl.
Das letzte typische Rivieralokal im viel besuchten Portovenere, über hundert Jahre alt, maritim dekoriert, man sitzt an langen Holztischen, die traditionellen Gerichte werden vom Wirt mündlich angeboten, preisgünstig. €

Lerici ➡ H14

Der stark frequentierte Badeort liegt in einer großen Bucht am Ostende des Golfo di Poeti, sein Yacht- und Sporthafen ist meist dicht belegt. Gegenüber ragt die eindrucksvolle Halbinsel von Portovenere ins Meer. Hinter der großzügigen Hafenpiazza kommt man in den alten Ortskern mit seinen Fußgängergassen. Die Via Zanelli führt steil hinauf zum **Castello di Lerici** in strategisch wichtiger Lage am Zugang zum Golf von La Spezia, um den die Pisaner erbittert mit den Genuesen rangen.

Auf kurvenreicher Straße erreicht man das bildhübsche kleine **Tellaro**, das sich auf einer felsigen Landzunge hinunter zum winzigen Hafenbecken zieht. Viele der pastellfarbenen Häuser wurden zu Feriendomizilen umgebaut. Wenn man die Straße oberhalb der Küste weiterfährt, kommt man in den dicht bewaldeten Naturpark **Parco Montemarcello** (www.parcomagra.it).

Tourist Information ➡ H14
Via Biaggini 6 (Uferpromenade)
19032 Lerici
✆ 01 87 96 73 46

Castello di Lerici ➡ H14
Lerici
✆ 01 87 96 90 42
www.castellodilerici.it
Die Burg ist seit längerem wegen Restaurierung geschlossen. Im Inneren war das **Museo Geopaleontologico** untergebracht.

Osteria La Caletta ➡ H14
Via Fiascherino 100, Tellaro
✆ 01 87 96 40 00

Der Golf von La Spezia (Golfo dei Poeti), im Vordergrund Lerici und im Hintergrund Porto Venere

Schafhirte an der ligurischen Riviera

www.osterialacaletta.com
Di geschl.
Unmittelbar am Ortseingang von Tellaro, familiär geführt, sehr netter Service und leckere Fischgerichte. €€

Sarzana ➡ H14

Die ummauerte Stadt liegt ein Stück landeinwärts. Das verkehrsberuhigte Zentrum mit seinen rechtwinklig verlaufenden Gassen ist wie geschaffen zum Flanieren und Stöbern in den zahlreichen kleinen Läden und Werkstätten. Der große Dom **Santa Maria Assunta** beeindruckt mit seiner Marmorfassade, der gediegenen Holzdecke und den Altären, deren Marmor aus den berühmten Steinbrüchen des nahen Carrara stammt. Die **Fortezza di Sarzanello** am Rand der Altstadt besitzt attraktive Rundtürme, die Mauern sind begehbar.

Die alte Römerstadt **Luni** liegt südöstlich von Sarzana, schon an der Grenze zur Toskana. Sie ist die größte antike Ausgrabungsstätte Liguriens. Ein Museum mit Fundstücken kann dort ebenfalls besichtigt werden.

Fortezza di Sarzanello ➡ H14
Sarzana
✆ 01 87 62 20 80
www.fortezzadisarzanello.com
Juni–Sept. tägl. 10–13 und 17–19.30, April/Mai Sa/So 10.30–19, Okt. tägl. 10.30–12.30 und 15.30–18.30, Nov.–März Sa/So 10.30–13 und 14.30–17 Uhr, Eintritt € 3,50/3
In der Festung über der Stadt kann man auch stilvoll speisen.

Luni ➡ H14
Via San Pero 39, Ortonovo
✆ 01 876 68 11
Tägl. außer Mo 8.30–19.30 Uhr
Eintritt € 4 (nur Münzautomat, Kleingeld mitbringen)
Antike Ausgrabungsstätte bei Sarzana.

Forno Bugliani ➡ H14
Piazza San Giorgio 20, Sarzana
✆ 01 87 62 00 05, Mo geschl.
Die alte Farinata-Backstube liegt im Zentrum, auch Pizza wird hier zubereitet. Im Sommer kann man auf der Piazza sitzen. €

Riviera di Ponente westlich von Genua

Die Ausläufer der Seealpen drängen ans Meer, dazwischen haben sich Hafenstädte und wuchernde Ferienorte breit gemacht, deren lange Strände bis auf den letzten Fleck mit Badeanstalten und Liegestuhlreihen belegt sind. Trotzdem konnten Orte noch vielerorts ihr historisches Gepräge behalten. Noli, Finale Ligure und Laigueglia müssen hier vor allem genannt werden. Albenga zeigt sich mit seinen Geschlechtertürmen sogar als höchst attraktive Mittelalterstadt. Im Gegensatz zum turbulenten Urlaubsgeschehen am Meer ist das Hinterland ruhig und abgeschieden, schmale Straßen winden sich durch die Berge, immer wieder erblickt man verwitterte kleine Dörfer auf den Kuppen und genießt die Panoramablicke.

Die Vista Points sind geografisch sortiert, von Genua ausgehend nach Westen.

Celle Ligure ➡ F8

Sympathischer Badeort mit netter Altstadt und langem Strand. Wie in vielen Rivieraorten verläuft hinter der ersten Häuserreihe die enge Hauptgasse, *Caruggio* genannt, parallel zur Uferpromenade. Sie endet an der etwas erhöht stehenden Kirche, von dort führt ein hübscher Uferweg in den benachbarten modernen Ferienort **Piani**.

Osteria San Bastian ➡ F8
Via Pescetto 20, Celle Ligure
✆ 019 99 16 95
Do geschl.
Am Westende der Promenade, angenehmes Ambiente und guter Service, gute und frische Meeresküche. €€

Giuseppe Olmo S.p.A. ➡ F8
Via Poggi 22, Celle Ligure
✆ 019 99 01 57
www.olmo.it
Di–Sa 8.30–12.30 und 15–19 Uhr
Bereits seit 1939 entstehen bei Olmo in Celle Ligure Fahrräder

Strandblick in Celle Ligure

von Weltrang – jedoch nicht einfach Räder, sondern hier wird *La Biciclissima* (Superlativ von *bicicletta* = Fahrrad) schlechthin gefertigt.

Albissola Marina ➡ F8

Die große Siedlung an der Mündung des Sansobbia ist die Keramikstadt Liguriens. Schon im 17. Jahrhundert entstanden hier die ersten Manufakturen, die hochwertige Terrakotta gestalteten. Heute wird zwar eher Massenware für den durchschnittlichen Hausgebrauch hergestellt, aber immerhin ist die Produktion noch nicht der Globalisierung zum Opfer gefallen und die vielen Besucher tun das ihre, dass sie auch noch länger überleben wird.

Eine Reminiszenz an die kunsthandwerkliche Tradition ist die mit farbigen Keramikfliesen belegte **Passeggiata degli Artisti** (Künstlerpromenade) auf einem Teilstück der kilometerlangen Uferpromenade. Zu beiden Seiten der Flussmündung gibt es Dutzende Badeanstalten am Strand.

Fabbrica Casa Museo Giuseppe Mazzotti ➡ F8
Viale Matteotti 29, auf der Via Aurelia von Osten kommend, vor dem Fluss rechter Hand
Albissola Marina
✆ 019 48 98 72
www.gmazzotti1903.it, tägl. außer So 10–12 und 16–18 Uhr, Eintritt frei, Führungen € 4 (ca. 1 Std.)
Die 1903 eröffnete Keramikfabrik zeigt Keramiken und Majoliken von ihren Anfängen bis heute. In einem kleinen Museum sind noch ältere Stücke ausgestellt, im Garten stehen Skulpturen von zeitgenössischen Künstlern.

Villa Faraggiana ➡ F8
Albissola Marina (am nördlichen Stadtrand)
✆ 019 48 06 22

Die prunkvolle Villa Faraggiana in Albissola Marina

www.villafaraggiana.it
Mitte März–Anf. Okt. tägl. außer Mo 15–19 Uhr
Eintritt € 8, Garten € 4
Die prunkvolle Adelsvilla steht in einem Barockpark. Im Rahmen einer Besichtigung kann man die erhaltenen Innenräume mit Originalmobiliar, Stuckarbeiten, prächtigen Fresken und kostbaren Majoliken besuchen.

La Garitta ➡ F8
Piazzetta Pozzo Garitta 22
Albissola Marina
✆ 366 141 06 46
Restaurant Fr–So ab 19.30, American Bar tägl. außer Mo ab 20.30 Uhr
Liebevoll gestylte American Bar mit warmer Küche, das Menü wechselt wöchentlich. Von einem bildhübschen Innenhof gelangt man in das kerzenerleuchtete Backsteingewölbe und genießt *bruschette* und leckere *primi piatti*, dazu Cocktails bis spät in die Nacht. In den 1960er Jahren war Picasso gern hier. Am Wochenende oft Livemusik. €€

Türme beherrschen das Bild der Altstadt von Savona

Savona ➡ F8

Die wichtige Hafenstadt wurde im Zweiten Weltkrieg stark zerstört. Geschäftige Autostraßen umgeben die kleine Altstadt hinter dem Hafen. Kulturell Interessierte finden einige Museen: Die weitläufige Küstenfestung **Fortezza del Priamàr** beherbergt ein **Archäologisches Museum** sowie eine **Sammlung moderner Kunst**, die aus der Privatsammlung des in der Nähe geborenen Staatspräsidenten Sandro Pertini hervorgegangen ist. Ligurische Maler vom 15. bis 19. Jahrhundert und eine Keramiksammlung kann man in der **Pinacoteca Civica** im Palazzo Cavotti an der Piazza Chabrol besichtigen.

Museo Storico Archeologico ➡ F8

Fortezza del Priamàr
Palazzo della Loggia
Corso Mazzini 1, Savona
✆ 019 82 27 08
www.museoarcheosavona.it
Mitte Juni–Mitte Sept. tägl. außer Di 10.30–15, sonst Mi–Fr 9.30–12.30 und 14.30–16.30, Sa–Mo 10.30–15 Uhr, Eintritt € 4/2
Archäologisches Museum in der Festung Priamar.

Blick auf Savona mit Hafen im Vorder- und Festung im Hintergrund

»Regata Storica«, die historische Regatta in Noli

Museo Sandro Pertini ➡ F8
Fortezza del Priamàr
Palazzo della Loggia
Corso Mazzini 1, Savona
✆ 019 831 02 56
Sa und Mo 10.30–15.30 Uhr
Eintritt € 2,50/1,50
Sammlung moderner Kunst in der Festung Priamar.

Noli ➡ G7/8

Das altehrwürdige Städtchen, das von 1192 bis 1792 eine unabhängige Seerepublik war, gehört zu den schönsten Städtchen der Riviera, ist aber an Sommerwochenenden entsprechend überlaufen (Parkprobleme). Die lang gestreckte Sandbucht liegt vor einer Kulisse grüner Hänge. Von der hoch gelegenen Ruine des **Castello Ursino** führen Mauern bis in den Ort hinunter. Das Centro storico liegt geborgen landeinwärts der Durchgangsstraße und zeigt sich intakt und reizvoll. Die Häuser stützen sich gegenseitig durch Bögen und kleine Plätze laden zur Rast ein. Einige massive Geschlechtertürme, die im Mittelalter von wohlhabenden Familien als trutzige Stadtburgen errichtet wurden, erinnern an den einstigen Reichtum, darunter der fast 40 Meter hohe **Torre del Canto** aus dem 13. Jahrhundert an der Piazza Morando.

Wenn man Noli auf der Küstenstraße nach Westen in Richtung Varigotti verlässt, kann man noch die einstige ungezähmte Wildheit der Riviera nachempfinden. Mit vielen Kurven geht es durch die unbebauten Uferfelsen der Steilküste.

Varigotti ist ein pittoreskes Fischerdorf mit hübschen Häuschen und Palmen direkt am Strand – auf der viel befahrenen Durchgangsstraße sieht man davon allerdings nichts.

San Paragorio ➡ G7/8
Via alla Stazione, Noli
Do/Fr und So 10–13, Sa 15–18 Uhr, im Winter auch Do geschl.
Eintritt € 2
Die dreischiffige romanische Kirche am westlichen Ortsrand von Noli stammt aus dem 11. Jh. Bei Ausgrabungen hat man ein Baptisterium aus dem 5. Jh. entdeckt. Originell sind die Majolikateller über dem Bogenfries der Hauptapsis. 1192 fand hier die Ernennung Nolis zur freien Seerepublik statt.

Il Vescovado ➡ G7/8
Im Palazzo Vescovile, Noli
✆ 019 749 90 59
www.hotelvescovado.it
Di/Mi mittags geschl.
Der ehemalige Bischofspalast steht etwas erhöht am östlichen Ortsrand, von der Uferstraße kann man den Lift benutzen. Restaurant mit Panoramaterrasse und herrlichem Blick über die Bucht. Die feine Küche kann man am besten mit dem Degustationsmenü erkunden, ein Michelinstern wurde schon vor einigen Jahren erkämpft. €€€

Noli medievale
Die Regata Storica dei Rioni, ein großer Ruderwettbewerb der Stadtteile Nolis, findet immer am Wochenende um den 20. Juni statt. Ein buntes Rahmenprogramm mit historischen Trachten und Umzügen gehört auch dazu.

Finale Ligure ➡ G7

Einer der beliebtesten Ferienorte der Riviera di Ponente, vor allem auch bei deutschsprachigen Urlaubern. Im alten Zentrum von **Finalmarina** kann man gemütlich flanieren und die mit imposantem Stuckdekor verzierte Kirche **San Giovanni Battista** besichtigen. Die weite Piazza Vittorio Emanuele ist zum Meer hin offen, dort steht der Triumphbogen **Arco di Margherita di Spagna**, erbaut im 17. Jahrhundert für Prinzessin Margarethe aus Spanien.

Auf der Palmenpromenade oberhalb des langen Sandstrands findet allabendlich eine lebhafte *passeggiata* (Abendspaziergang) statt. Der ruhige Ortsteil **Finalpia** liegt mit seiner netten Markt- und Ladengasse Via Molinetti am Flüsschen Sciusa.

Tourist Information ➡ G7
Via San Pietro 14
17024 Finalmarina
✆ 019 68 10 19
www.visitfinaleligure.it

Al Rogo ➡ G7
Piazza San Biagio 6, Finale Ligure
✆ 019 69 59 98
Mi geschl.
Prima Grillküche im »Scheiterhaufen«. €€–€€€

Beigisela ➡ G7
Via C. Colombo 2, Finale Ligure
✆ 019 69 52 75
http://beigisela.playrestaurant.tv
Di Mittag geschl.
Vor 40 Jahren von einem deutsch-italienischen Paar in der Altstadt gegründet ist Beigisela heute ein

Sommerfrische an der Riviera di Ponente: Finale Ligure

modisch gestyltes Ristorante mit leckerer *cucina nuova italiana* und beachtlicher Weinauswahl. €€€–€€

Gnabbri ➡ G7
Via Polupice 1, Finale Ligure
✆ 019 69 32 89
Mo geschl.
Gemütliche Trattoria mit leckerer Küche, etwas versteckt hinter der Kathedrale. €€

El Patio ➡ G7
Lungomare Italia 9, Finale Ligure
✆ 019 60 33 12
Beliebte Disco am Ostende der Uferpromenade.

Finalborgo ➡ G7

Das historische Wehrdorf liegt wenige Kilometer landeinwärts von Finale Ligure und ist von einer trutzigen Mauer umgeben, die prächtig ausgestattete Kollegiatskirche **San Biagio** am südlichen Ortseingang ist direkt ins Mauerwerk integriert. Nach dem Bummel durch die alten Pflastergassen sitzt man gemütlich auf der zentralen Piazza Garibaldi.

Wer gut zu Fuß ist, kann in etwa 50 Minuten zur Ruine des **Castel Gavone** hinaufsteigen, der Weg beginnt beim Kloster **Santa Caterina** im Ortskern. Um mit dem Wagen dorthin zu kommen, fährt man in Richtung Calice Ligure und biegt vor der Autobahn auf eine schmale Hügelstraße nach **Perti** ab. Bei der Kirche **Sant'Eusebio** mit Hallenkrypta stellt man den Wagen ab und genießt die idyllische Aussichtsterrasse der Osteria del Castel Gavone.

Civico Museo del Finale ➡ G7
Finalborgo
✆ 019 69 00 20
www.museoarcheofinale.it
Tägl. außer Mo Juli/Aug. 10–12 und 16–19, sonst 9–12 und 14.30–17 Uhr, Eintritt € 6/3

In den alten Pflastergassen von Finalborgo

Das um zwei Kreuzgänge angelegte Archäologische Museum im restaurierten Kloster Santa Caterina zeigt lokale Fundstücke von der Prähistorie bis zum Mittelalter, ein Höhepunkt ist das Skelett eines Höhlenbären.

Osteria del Castel Gavone ➡ G7
Perti alto, Finalborgo
✆ 019 68 01 09
www.osteriadelcastelgavone.com
Mo/Di nur abends, Mi–Fr mittags und abends, Sa/So ab mittags durchgehend
Ein wunderschönes Plätzchen neben der alten Burg, man sitzt unter Weinranken, Blick ins Grüne, ländliche Küche, die Lage ist nicht zu toppen. €€

Pietra Ligure ➡ G7

Kleiner Ort mit angenehm offen gebautem Zentrum, schöner Palmenpromenade und einem Strand, der an erfreulich vielen Stellen frei zugänglich ist. Die Ruine des alten Castello liegt im hinteren Ortsbereich, direkt neben der Durchgangsstraße Via Aurelia.

Grotte di Borgio Verezzi ➡ G7
Am Ortsrand von Borgio Verezzi, einige km östlich von Pietra Ligure
✆ 019 61 01 50

www.grottediborgio.it
Führungen tägl. außer Mo Juni–Sept. 9.30, 10.30, 11.30, 15.20, 16.20, 17.20, sonst 9.30, 10.30, 11.30, 15, 16 und 17 Uhr
Eintritt mit Führung € 9/6
Die 1933 entdeckte Tropfsteinhöhle kann in einem 800 m langen Rundgang besichtigt werden, eindrucksvoll sind die Farbenvielfalt der Stalaktiten und Stalagmiten sowie mehrere kleine Höhlenseen.

Da Casetta ➡ G7
Via XX Settembre 12
Borgio Verezzi (am Ortsrand parken und 5 Min. durch die engen Gassen gehen)
✆ 019 61 01 66
http://dacasetta.playrestaurant.tv
Juni/Juli, Sept. tägl. außer Di, Aug. tägl., sonst Fr–So ab 20 Uhr
Ruhige Lage am steil abfallenden Hauptplatz von Borgio, schattige Terrasse und gemütliche Speiseräume abseits vom Touristenstrom, traditionelle ligurische Küche mit Schwerpunkt auf Gerichten vom Land *(di terra)*. €€

Albenga: Campanile und Duomo San Michele

Grotte di Toirano und Castelvecchio di Rocca Barbena ➡ H6/7

Eins der großen Ausflugsziele im Hinterland der Küste sind die **Grotten von Toirano** ➡ H7 in der Berglandschaft des Val Varatella. Von den insgesamt vier großen Tropfsteinhöhlen können zwei besichtigt werden, die durch einen künstlichen Gang miteinander verbunden wurden. Im Inneren hat man Skelette von Höhlenbären und Spuren von Steinzeitmenschen gefunden. Ein kleines Museum bewahrt die Funde.

Von Toirano kommt man auf panoramareicher Serpentinenstraße ins romantische Bergdorf **Castelvecchio di Rocca Barbena** ➡ H6, das mittlerweile als Ferienhausdomizil heiß begehrt ist. Viele der mittelalterlichen Häuser wurden restauriert, von der Piazza del Castello hat man einen herrlichen Blick über den Ort und das Tal.

Le Grotte di Toirano ➡ H6/7
Toirano
✆ 01 82 980 62
www.toiranogrotte.it
Tägl. 9.30–12.30 und 14–17 Uhr, deutschsprachige Führung
Eintritt € 12/7 (5–18 J.)
Die Führungen durch das Höhlensystem dauern etwa 70 Min. Achtung: Die Temperatur beträgt auch im Hochsommer konstant 15 Grad, warme Sachen sind ratsam.

7 Albenga ➡ H7

Für kulturell Interessierte ist Albenga eins der interessantesten Ziele an der Riviera di Ponente. Das alte Zentrum der Stadt ist authentisch erhalten, hohe Geschlechtertürme aus Backstein ragen pittoresk in den Himmel, in den autofreien Granitpflastergassen kann man gemütlich bummeln und gut essen. Die große

Badezone liegt einige Kilometer vor der Stadt.

Die mittelalterliche Kathedrale **San Michele** im Zentrum besitzt eine Freskodecke aus dem 19. Jahrhundert und weist Stilelemente aus verschiedenen Jahrhunderten auf. Hinter der Kirche steht das älteste Baudenkmal der Stadt, ein frühchristliches **Baptisterium** aus dem 5. Jahrhundert, im Inneren geschmückt mit Marmorsäulen und byzantinischen Mosaiken. Dazu gehört das **Diözesanmuseum** im benachbarten Bischofspalast. Gleich in der Nachbarschaft steht der höchste Turm der Stadt, die Torre Comunale, mit dem kleinen archäologischen **Civico Museo Ingauno**. Das interessante **Museo Navale Romano** liegt auf der entgegengesetzten Seite der Kirchenpiazza.

Im Hinterland kann man auf der SS 582 das mittelalterliche Städtchen **Zuccarello** ➡ H6 besuchen. Die lange Hauptgasse ist beidseitig von Laubengängen gesäumt, eine Burgruine thront über dem Ort, zu erreichen über die Via Castello vom Ende der Laubengänge.

Tourist Information ➡ H7
Im Pavillon auf der Piazza del Popolo, 17031 Albenga
✆ 01 82 55 84 44

Baptisterium & Diözesanmuseum ➡ H7
Via Episcopio 5, Albenga
✆ 01 82 502 88
Di–Sa Juni–Sept. 9.30–12.30, sonst 9.30–17 Uhr, Eintritt € 5/4
Frühchristliches Baptisterium mit Diözesanmuseum im Bischofspalast nebenan.

Civico Museo Ingauno ➡ H7
Palazzo Vecchio del Comune
Via Nino Lamboglia, Albenga
✆ 01 82 512 15
Tägl. außer Mo Juni–Mitte Sept. 9.30–12.30 und 15.30–19.30, sonst 10–12.30 und 14.30–18 Uhr
Eintritt € 3,50/2,50, Turmbesteigung € 2
Vor allem römische Funde. Der Turm kann bestiegen werden.

Plausch vor dem mittelalterlichen Dom von Albenga

Museo Navale Romano ➡ H7
Palazzo Peloso Cipolla
Piazza San Michele 12, Albenga
✆ 01 82 512 15
Tägl. außer Mo im Sommer 9.30–12.30 und 15.30–19.30, im Winter 10–12.30 und 14.30–18 Uhr
Eintritt € 3,50/2,50
Hier kann man die Reste eines einst vor Albenga gesunkenen römischen Frachtschiffs und seiner Ladung betrachten, dazu historische Keramiken aus Albissola.

Enosfizioteca Conterosso ➡ H7
Via Torlaro 30, Albenga
✆ 01 82 536 99
Mo geschl.
Im liebevoll restaurierten Bruch- und Backsteingewölbe trinkt man Wein und lässt sich dazu Fleisch vom Grill, Bruschetta oder Polenta schmecken. €€

Da Puppo ➡ H7
Via Torlaro 20, Albenga
✆ 01 82 51853, www.dapuppo.it
Mitte Juni–Mitte Sept. nur abends, Mo geschl., sonst mittags und abends, So/Mo geschl.

Olivenbäuerin in ihrem Hain

Traditionelles Farinata- und Pizzalokal, die beste Farinata der Stadt soll es hier geben, auch Außenplätze. €–€€

Usteria du Burgu ➡ H6
Via Tornatore 195, Zuccarello
✆ 01 82 791 00
Di geschl.
Am nördlichen Ortseingang von Zuccarello gibt es leckere Hausmannskost. Man kann auch draußen auf der Piazza sitzen. €

Alassio ➡ H6

Eine Hochburg des Riviera-Tourismus, schon seit über hundert Jahren. Altehrwürdige Hotelpaläste, der moderne Yachthafen und ein bis auf den letzten Quadratmeter mit Badeanstalten belegter Strand zeugen von der ungebrochenen Beliebtheit. *Baia del Sole* (Sonnenbucht) wird die nach Norden geschützte Bucht von Alassio auch genannt.

Durch die Altstadt zieht sich der *Budello* (= Schlauch bzw. Darm), eine lange, schmale Fußgängergasse mit vielen Geschäften, parallel dazu verläuft am kilometerlangen Strand die mit Restaurants und Bars restlos zugebaute Promenade. Auch abends und nachts findet man hier überall zahlreiche Möglichkeiten, sich zu vergnügen.

Zu Fuß am Strand entlang kommt man nach Südwesten in den hübschen Nachbarort **Laigueglia** ➡ J6, nordöstlich kann man das **Capo Santa Croce** ➡ H6 mit der gleichnamigen Kapelle erreichen und den herrlichen Ausblick über die Sonnenbucht genießen.

Tourist Information ➡ H6
Via Mazzini 68, 17021 Alassio
✆ 01 82 64 70 27
www.alassio.eu

Il Muretto ➡ H6
Via Dante, unterhalb des Palazzo del Comune an der Piazza Libertà Alassio
Das legendäre »Mäuerchen« von Alassio besteht aus Hunderten bunter Kacheln mit Konterfeis und Schriftzügen von illustren Gästen des letzten Jahrhunderts. Der große Italienliebhaber Ernest Hemingway ist hier ebenso verewigt wie Woody Allen und viele andere berühmte und nicht ganz so berühmte Zeitgenossen.

Das Internet-Village Coletta di Castelbianco ➡ H6

Wenn man südlich von Zuccarello nach Westen abbiegt, kommt man nach etwa vier Kilometern in das modernste Bergdorf Liguriens. Noch vor 30 Jahren war es fast völlig verfallen, seitdem haben sich zahlreiche gut situierte Geschäftsleute hier niedergelassen und das Dörfchen perfekt restauriert. Die traditionelle Architektur wurde beibehalten, doch jedes Haus im Inneren modernisiert und mit Breitbandzugang für Internet und Digital-TV ausgestattet. Im Telecaffè (WLAN) an der zentralen Piazzetta kann man relaxen und die Sicht genießen. Gut essen kann man in der hübschen Osteria Locanda delle Antiche Pietre (✆ 01 82 77 82 44), Apartments stehen zur Vermietung (www.colletta.it).

Jacks's Scampi ➡ H6
Piazza dei Partigiani 3, Alassio
✆ 01 82 64 04 97, Di geschl.
Ein US-amerikanischer Veteran des Zweiten Weltkriegs hat das Ristorante an der palmenumsäumten Piazza eröffnet, dekoriert mit Fotos der Befreiung Italiens durch die Alliierten. Auf der Speisekarte stehen natürlich Scampi, außerdem *pesto genovese* und *ravioli di pesce*. €€

Laigueglia ➡ J6

Kleiner und weniger trubelig als das benachbarte Alassio ist Laigueglia bis heute ein sympathischer Badeort geblieben, in dem noch Fischer ihr Auskommen finden. Die Fangboote liegen direkt am Strand zwischen den Badegästen, was an der touristisch hoch entwickelten Riviera leider nicht mehr selbstverständlich ist. Auch hier zieht sich eine gemütliche Bummelgasse durch den lang gestreckten Ortskern. Ab und an trifft man auf Plätze mit erklärenden Schildern zur Historie. Die zentrale Mole wird von einem alten Küstenwachturm beherrscht.

Imperia ➡ J6

Die lang gestreckte Küstenstadt besteht aus dem modernen Ortsteil Oneglia mit großem Wirtschaftshafen und dem sich westlich anschließenden Porto Maurizio, dessen gut erhaltene Altstadt einen Hügel einnimmt. In letzterer steht Liguriens größte Basilika, der klassizistische Dom **San Maurizio**. Treppenwege führen weiter hinauf zum Aussichtspunkt vor der Kirche **San Pietro**. Im Arkadengang des nahe gelegenen Klosters **Santa Chiara** haben sich Liebespaare verewigt.

Tourist Information ➡ J6
Piazza Dante 4, 18100 Imperia
✆ 01 83 27 49 82

Museo Navale Internazionale ➡ J6
Via Duomo 11
Porto Maurizio, Imperia
✆ 01 83 65 15 41
Im Sommer Mi und Sa 21–23, im Winter Mi 15.30–19.30, Sa 16.30–19.30 Uhr, Eintritt € 7/3,50
Schifffahrtsmuseum gegenüber vom Dom.

Museo dell'Olivo ➡ J6
Via Garessio 13, Oneglia, Imperia
✆ 01 83 29 57 62
www.museodellolivo.com
Tägl. außer So 9–12.30 und 15–18.30 Uhr, Eintritt € 5/2,50
Ausstellung über die Geschichte des Olivenöls und seine Gewinnung in einer Jugendstilvilla der Fratelli Carli.

Sarri ➡ J6
Lungomare Colombo Cristoforo 108
Porto Maurizio, Imperia
✆ 01 83 75 40 56
www.ristorantesarri.it
Do mittags und Mi geschl.
Schickes Lokal mit Terrasse und Meerblick, geboten wird hervorragende und kreative Fischküche, mit dem Fünf-Gänge-Menü liegt man richtig. €€–€€€

Die Muretto di Alassio besteht aus über 500 Platten, die von prominenten Besuchern der Stadt unterschrieben wurden

Sanremo ➡ K5
Die größte Stadt der Riviera di Ponente ist in Italien seit mehr als sechs Jahrzehnten für ihr Schlagerfestival bekannt. Sie hat zwar nur 55 000 Einwohner, doch der Verkehr und die Geschäftigkeit lassen an eine Großstadt denken. Soziale Gegensätze fallen ins Auge – auf der einen Seite das mondäne Spielkasino und die Adelspaläste des 19. Jahrhunderts, andererseits die morbide und baufällig wirkende *Città Vecchia*, genannt **La Pigna** (Pinienzapfen), die sich mit ihren labyrinthischen Treppengassen einen Hügel hinaufwindet. Auf der Kuppe liegt der Park **Giardini Regina Elena** mit herrlichem Blick auf die Küste. Gut essen kann man unterhalb des zentralen Corso Matteotti an der intimen Piazza Sardi und in der schmalen Via Corradi, die beim Dom beginnt.

San Remo ist Mittelpunkt der **Riviera dei Fiori** (Blumenriviera), die sich von Alassio bis Ventimiglia erstreckt und wo wegen der Milde des Klimas schon seit über hundert Jahren so gut wie jeder Küstenort ausgedehnte Blumenplantagen besitzt. Der berühmte Blumenmarkt von San Remo ist vor einigen Jahren in den Nachbarort **Bussana** ➡ K5 umgezogen (www.sanremoflowermarket.it).

Sehenswert ist aber auch das oberhalb davon liegende Bergstädtchen **Bussana Vecchia** ➡ K5, das 1887 durch ein Erdbeben völlig zerstört wurde. Seit den 1950er Jahren haben sich hier Künstler niedergelassen und die Ruinenhäuser zum Teil wieder bewohnbar gemacht. Unbedingt einen Abstecher wert ist schließlich das mittelalterliche Städtchen **Tággia** ➡ J5 mit seiner lebendigen Architektur, die durch die Moderne kaum angetastet wurde – die hoch über dem Tal schwebende Autobahn muss man allerdings übersehen.

Tourist Information ➡ K5
Corso degli Inglesi 14, unterhalb vom Casino
18038 Sanremo
✆ 800 81 30 12

La Pigna ➡ K5
Sanremo

Das Spielkasino von San Remo

Das Altstadtviertel ist in seiner Morbidität faszinierend. Von der Via Palazzo erreicht man durch ein seitliches Tor die Porta Santo Stefano, von der die überdachte Via Rivolte San Sebastiano nach La Pigna hinaufsteigt.

Tortuga ➡ K5
Corso Nino Bixio 93/a
Sanremo
✆ 01 84 84 03 07
Di mittags und Mo geschl.
Feine ligurische Küche in Hafennähe. €€–€€€

Le Cantine Sanremesi ➡ K5
Am Beginn der Fußgängergasse Via Palazzo, Sanremo
✆ 01 84 57 20 63
Mo geschl.
Urige Taverne, wo man hautnah an wenigen Tischen sitzt. Ordern kann man z. B. *focaccia*, *farinata*, *torta verde* und die ligurische *Pizza sardenaira*. Der Besitzer spricht Deutsch. €–€€

Bordighera ➡ K4

Ein Badekurort mit langer Tradition, Tausenden von Dattelpalmen und prächtigen Villen, das kleine Altstadtviertel oberhalb des großen Yachthafens übersieht man dabei fast. Beliebte Flanierzone ist der **Corso Italia** in der Neustadt. Die schöne Uferpromenade führt parallel zum langen Sandstrand zum **Capo Sant'Ampelio** mit der gleichnamigen Kapelle, wo im 5. Jahrhundert der heilige Ampelius als Eremit lebte. Die Legende erzählt, dass er die Palmen in Bordighera heimisch werden ließ, indem er Samen der ägyptischen Dattelpalme mitbrachte.

Tourist Information ➡ K4
Via Vittorio Emanuele II 172
18012 Bordighera
✆ 01 84 26 28 82
www.bordighera.it

Italienische Lebensart

Giardino Pallanca ➡ K4
Via Madonna della Ruota 1, östl. Ortsrand von Bordighera
✆ 01 84 26 63 47
www.pallanca.it
Tägl. außer Mo 9–12.30 und 14.30–19, im Winter bis 17 Uhr
Eintritt € 6
Großartiger Küstenpark mit Tausenden von Kakteen und anderen Sukkulenten.

Magiargè Vini e Cucina ➡ K4
Piazza Giacomo Viale, im Centro Storico, nahe Piazza de Amicis Bordighera
✆ 01 84 26 29 46
www.magiarge.it
Tägl. geöffnet
Die geschmackvolle und hübsch an einer kleinen Piazza gelegene Osteria bietet täglich wechselnde Gerichte maritimer Tradition, dazu eine beachtliche Auswahl leckerer Tropfen €€

Ausflugsziel:

Museo della Canzone ➡ K4
Via Roma 108, Vallecrosia, landeinwärts von Bordighera
✆ 01 84 29 10 00
www.museodellacanzone.it
Besichtigung nur nach Voranmeldung
Erio Tripodis originelles Museum zu Ehren des italienischen Schlagers hat seinen Platz in einem historischen Eisenbahnzug. In den Waggons sind Tonträger aller Art ausgestellt: Grammophone, Spieluhren, Drehorgeln, dazu gibt es zahllose Schallplatten. Die Besich-

Artenvielfalt in den Giardini Botanici Hanbury

tigung könnte man verbinden mit einem Besuch im üppig nostalgisch dekorierten Restaurant **Erio** mit 300 Sitzplätzen, abends geht es hier mit Musik oft hoch her, die Küche wird gelobt (Mi geschl.).

Ventimiglia ➡ K4

XXmiglia (*venti* = XX) ist eine typische Grenzstadt, zweisprachige bzw. französische Ladenschilder sind die Regel, zahlreiche Geschäfte sind auf eilige Durchreisende eingerichtet. Der Fluss Roia trennt die Neustadt von der Altstadt, die sich mit düsteren Gassen und Palazzi einen Hügel hinaufzieht. Die romanische Kathedrale **Santa Maria Assunta** steht dort auf einem früheren Sakralbau, dessen Fundamente bei Ausgrabungen entdeckt wurden.

Am Rand der Neustadt liegen die Grundmauern der römischen Stadt **Albintimilium**, u. a. hat man ein großes Theater ausgegraben. Fundstücke aus Albintimilium sind in der Küstenfestung **Forte dell'Annunziata** westlich der Altstadt untergebracht (Via Verdi 41).

Kurz vor der französischen Grenze erreicht man nach schöner Fahrt das **Capo Mortola** mit den berühmten **Giardini Botanici Hanbury**. Der im Asienhandel reich gewordene Thomas Hanbury legte 1867 den Grundstock und machte hier im geschützten Mikroklima des Kaps eine Vielzahl von exotischen Pflanzen aus Afrika und Asien heimisch. Seine Familie setzte das Werk fort, bis der Park im Zweiten Weltkrieg zerstört wurde. In den 1980er Jahren begann man mit dem Wiederaufbau und heute gedeihen hier wieder Tausende von Pflanzen aus aller Welt, sodass die Anlage zu den schönsten botanischen Gärten Europas gezählt wird.

Zwei Kilometer weiter kommt man unmittelbar an der Grenze zu den roten Sandsteinfelsen namens **Balzi Rossi** ➡ K4. In einem Dutzend Wohnhöhlen hat man hier steinzeitliche Menschenknochen und Felszeichnungen gefunden, die zum Teil mehr als 200 000 Jahre alt sind. Herrlich ist der Blick hinüber zur französischen Stadt Menton.

Zehn Kilometer landeinwärts von Ventimiglia liegt das malerische Weinstädtchen **Dolceacqua** ➡ J4 mit einer imposanten Burg der Doria, die allerdings mehrfach stark zerstört wurde. Der Fluss Nervia wird hier von einer 32 Meter breiten Bogenbrücke überspannt. Im Umkreis wird der Rotwein »Rossese di Dolceacqua« angebaut, der als erster aller ligurischen Weine das DOC-Prädikat erhielt.

Civico Museo Archeologico ➡ K4
Via Verdi 41
18039 Ventimiglia
✆ 01 84 35 11 81

www.fortedellannunziata.it
Di–Do 9.30–12.30 und 15–17, Fr, So 21–23, Sa 9–12.30 Uhr
Eintritt € 6/3
Archäologisches Museum im Forte dell'Annunziata.

Balzi Rossi ➡ K4
Via Balzi Rossi 9
Ventimiglia
✆ 01 84 381 13
Tägl. außer Mo 8.30–19 Uhr
Eintritt € 2 (Achtung: bei schlechten Wetterverhältnissen können die Höhlen geschlossen sein, vorher anrufen)
Außer den Höhlen gibt es zwei kleine Museen, das Museo Vecchio, das Thomas Hanbury bereits 1898 gegründet hat, und das größere Museo Nuovo. Ein Teil der Funde ist hier untergebracht.

Giardini Botanici Hanbury ➡ K4
18039 La Mortola Inferiore
✆ 01 84 22 95 07
www.giardinihanbury.com
Mitte Juni–Mitte Sept. tägl. 9.30–18, Mitte Okt.–Feb. tägl. außer Mo 9.30–16, sonst tägl. 9.30–17 Uhr
Eintritt € 7,50/6 (6–14 J.), März–Juni € 9/7,50
1867 angelegter botanischer Garten.

Mercato Settimanale ➡ K4
Lungo Roia G. Rossi
Via Vittorio Veneto
Ventimiglia
Der riesige Wochenmarkt auf der Neustadtseite des Flusses, findet jeden Freitag ganztägig statt und gehört zu den größten im ganzen Land.

Ausflugsziele:

Castello Doria ➡ J4
Via del Castello dei Doria
18035 Dolceacqua
✆ 01 84 20 95 07
Im Sommer tägl. 10–18 Uhr, sonst nur Sa/So, Eintritt € 5
Eine schmale Treppengasse führt zum Kastell hinauf, das über der Stadt thront. Im Sommer finden im Innenhof gelegentlich Veranstaltungen statt.

Azienda Agrituristica Terre Bianche ➡ J4
Località Arcagna, oberhalb von Dolceacqua
✆ 01 84 314 26
www.terrebianche.com
Tägl. 8.30–12.30 und 14.30–17 Uhr, im Winter Sa/So geschl.
Nach Voranmeldung kann man die Weine des freundlich geführten Weinguts verkosten, darunter den »Rossese di Dolceacqua«. Auch einige komfortable Zimmer werden vermietet.

Visionarium 3-D ➡ J4
Via del Castello dei Doria
18035 Dolceacqua
✆ 01 84 20 66 38
www.visionarium-3d.com
Eintritt € 3/2
Unterhalb der Burg werden in einem Projektionssaal ganzjährig Natur- und Reisefilme in 3-D gezeigt.

I Palmurelli: Palmwedel für den Vatikan

Bereits seit 1586 ordert der Vatikan aus Bordighera alljährlich Palmwedel für die Osterfeierlichkeiten in Rom. In jenem Jahr verhinderte nämlich ein Seemann aus San Remo/Bordighera das Zerbrechen des ägyptischen Obelisken, der gerade auf der Piazza del Popolo aufgerichtet wurde. Als die Seile zu reißen drohten, hatte er den rettenden Einfall und rief: »Macht die Seile nass!« Damit rettete der Seemann den Obelisken und Bordighera erhielt vom dankbaren Papst Sixtus V. das Privileg der österlichen Palmwedel »für die Ewigkeit«.

PIEMONT

Die weitgehend flache bis hüglige Landschaft um Turin und die sich nördlich anschließenden Voralpen bilden den nordwestlichsten Teil der Stiefelrepublik. In Italien gilt er geradezu als Synonym für Wein, noch vor der Toskana und dem Friaul im Nordosten, denn einige der besten Tropfen des Landes stammen aus dieser anmutigen Region mit ihren zahlreichen mittelalterlichen Dörfern und Burgen.

Doch in der Poebene findet sich auch das größte Reisanbaugebiet Europas, in der Region um Biella produzieren einige der wichtigsten Textilfirmen Norditaliens und sogar der berühmte Lago Maggiore besitzt ein langes piemontesisches Ufer. Architektur, Küche und Sprache im Piemont sind deutlich von den Nachbarn Frankreich und Schweiz beeinflusst.

Westlich und südlich von Turin

In der touristisch eher unbekannten Bergregion westlich von Turin wurde noch bis ins 19. Jahrhundert fast ausschließlich Okzitanisch gesprochen. Die strategisch wichtigen Alpentäler zwischen Frankreich und Piemont waren stets hart umkämpft, viele Festungen zeugen davon, darunter die mächtige Anlage Le Fenestrelle, die weltweit zu den größten ihrer Art zählt. 2006 fanden in dieser Region die alpinen Skiwettbewerbe der XX. Olympischen Winterspiele statt. Zu entdecken gibt es zahlreiche Baudenkmäler wie Schlösser, Klöster und Kastelle, interessante Ziele in dieser Hinsicht sind Saluzzo und Cuneo.

Die Vista Points sind alphabetisch sortiert.

Castello di Racconigi ➡ C4

Etwa 40 Kilometer südlich von Turin steht das prunkvolle Schloss der Savoyer in **Racconigi** an der SS 20 nach Cúneo. Einen Teil der mit Fresken und historischem Mobiliar ausgestatteten 300 (!) Räume kann man besichtigen, darunter die offiziellen Empfangsräume, Privatgemächer, Ballsaal, Speisesaal und die riesige Küche. Der große Park lädt im Anschluss zum Spazierengehen ein.

Castello di Racconigi ➡ C4
Via Francesco Morosini, 3
Racconigi
✆ 01 72 845 95
www.ilcastellodiracconigi.it
Castello: April–Okt. tägl. außer Mo 9–19, Nov.–März Mi, Fr–So 9–19 Uhr, nur mit Führung, Park: April–Okt. tägl. außer Mo 10–19 Uhr
Eintritt Castello € 5/2,50, Park € 2/1, 1. So im Monat beide Eintritt frei

Mit der Tendabahn von Ligurien ins Piemont

Highlight für alle Bahnliebhaber ist die Bahnstrecke von Ventimiglia über Airole, Breil-sur-Roya, Tenda und Limone nach Cúneo und weiter nach Turin. Unter Kennern gilt sie als eine der schönsten Alpenlinien. Mehrmals täglich fährt der Zug durch das gewundene Tal des Flusses Roya, der sich zwischen hohen Berghängen seinen Weg bahnt, durchquert dabei ein Stück von Frankreich und erreicht nach dem Tunnel am Colle di Tenda (1908 m) wieder italienisches Gebiet. Fahrzeit bis Turin ca. vier bis fünf Stunden, zum Teil muss man in Fossano oder Cúneo umsteigen.

Der Mann mit der eisernen Maske

In den 1680er Jahren lebte in Exilles ein geheimnisvoller Gefangener, der stets eine Maske tragen musste – Voltaire sprach von einer eisernen Maske, berichtet wird aber auch von einer Maske aus schwarzem Samt. Es wird vermutet, dass es sich dabei um einen unehelichen Sohn des französischen Königs oder seinen Zwillingsbruder handelte, der gefangen gehalten wurde, um die Regentschaft nicht zu gefährden. Man verlegte ihn unter hohem Aufwand immer wieder in andere Gefängnisse, bis er 1703 starb. Alexandre Dumas schrieb darüber einen Roman, in »Der Mann in der eisernen Maske« wurde die Geschichte 1998 mit Leonardo DiCaprio in der Titelrolle verfilmt.

Cúneo ➡ F4

Die betriebsame Provinzhauptstadt liegt auf einem keilförmigen Plateau (*cúneo* = Keil) zwischen zwei Flüssen. Die **Piazza Galimberti** im Zentrum ist einer der größten Plätze des Piemont. Auf der schnurgeraden Hauptstraße kann man im Schatten langer Arkadengänge angenehm bummeln. Sehenswert ist vor allem die Sammlung im **Museo Civico** im früheren Kloster San Francesco mit einer weitgefächerten Sammlung von der Prähistorie über römische und langobardische Exponate bis zu historischen Trachten, Landwirtschaftsgeräten und Webstühlen.

Tourist Information ➡ F4

Via Vittorio Amedeo II 8a
12100 Cúneo
✆ 01 71 69 02 17
www.cuneoholiday.com

Osteria del Chiocciola ➡ F4

Via Fossano 1, Cúneo
✆ 01 71 662 77, So geschl.
Gut sortierte Enoteca mit Restaurant mitten in der Altstadt, im ersten Stock pastellfarbener Speisesaal, kreative Küche, reiche Auswahl an Weinen aus Piemont und Frankreich. €€

Märkte ➡ F4

Der große **Wochenmarkt** Cúneos findet jeden Dienstag ganztägig an der Piazza Galimberti statt. Die reichhaltig bestückte **Markthalle** steht an der Piazza Seminario.

Exilles ➡ A1

14 Kilometer westlich der früheren Römerstadt Susa kommt man ins Örtchen Exilles mit einer Festung aus dem 19. Jahrhundert. Schon seit römischer Zeit gab es hier eine Grenzburg, die unter wechselnden Herrschern ausgebaut und von Napoleon geschleift wurde. Bereits in der ersten Hälfte des 19. Jahrhunderts benötigte das Königreich Sardinien-Piemont wieder eine Sicherung des Alpenübergangs. So wurde eine für die damalige Zeit hochmoderne Kanonenfestung erbaut, die jedoch derzeit leider nicht besichtigt werden kann (www.fortediexilles.it).

8 Sacra di San Michele ➡ A3

Am Beginn des Susatals thront die fast tausend Jahre alte Abtei bühnenbildgleich auf dem hoch aufragenden Monte Pirchirlano (962 m). Nach dem Mont Saint-Michel in der Normandie ist sie Europas

Figürliches Kapitell der Sacra di San Michele im Susatal

wichtigstes Heiligtum für den Erzengel Michael. Eine zwölf Kilometer lange Panoramastraße zieht sich steil hinauf bis zu einem Parkplatz, dann muss man noch 15 Minuten zu Fuß aufwärts steigen. Tipp für Fußgänger: Von der Kirche in Chiusa San Michele führt ein ruhiger Weg hinauf (ca. 1 Std.). Oben angelangt nimmt man eine eng an den Fels geschmiegte Treppe – **Scalone dei Morti** (Treppe der Toten) genannt, weil am Weg einige Äbte des Klosters begraben liegen – zur **Porta dello Zodiaco** unterhalb der Apsis. Der helle Kirchenraum mit seinen über hundert kunstvollen Säulenkapitellen zeigt sich romanisch, die Apsis gotisch. Im **Coro Vecchio** liegen Mitglieder des savoyischen Königshauses begraben. Von einem Aussichtspunkt an der linken Kirchenseite eröffnet sich der Blick ins Susatal und auf die Alpengipfel.

8 Sacra di San Michele
➡ A3
✆ 011 93 91 30
www.sacradisanmichele.com
Mitte März–Mitte Okt. Di–Sa 9–12.30 und 14.30–18, So 9.30–12 und 14.40–18.30, Juli–Sept. auch Mo, Mitte Okt.–Mitte März Di–Sa 9.30–12.30 und 14.30–17, So 9.30–12 und 14.40–17 Uhr
Eintritt € 8/6

Saluzzo ➡ D3

Die Saluzzer Markgrafen hatten die Stadt am Rand des westlichen Alpenbogens im Spätmittelalter zu ihrer Residenz erkoren. Im unteren Stadtbereich steht die spätgotische Backsteinkathedrale **Santa Maria Assunta**. Schräg gegenüber betritt man durch die **Antica Porta Santa Maria** die Altstadt, durchquert die **Via Porti Scur**, so genannt wegen ihrer dunklen Torbögen, und steigt die steile **Salita al Castello** zur Burg in der Oberstadt hinauf. Unterwegs passiert man den **Palazzo Comunale** und könnte dort den 48 Meter hohen **Torre Civica** besteigen. Das Kastell **La Castiglia** steht am höchsten Punkt und ist seit der umfassenden Renovierung wieder öffentlich zugänglich.

Vom Palazzo Comunale kommt man zur Kirche **San Giovanni**, die im 14. Jahrhundert von den Dominikanern zur dreischiffigen gotischen Basilika erweitert wurde. In den Innenraum mit Kreuzrippengewölbe steigt man über Stufen hinunter. Hinter dem Altar kann man das Grabmal des Grafen Ludovico II. († 1504) betrachten, am Sarkophag sind die vier Tugenden dargestellt: *prudentia* (Weisheit), *caritas* (Barmherzigkeit), *spes* (Hoffnung) und *fides* (Treue). Das angeschlossene Kloster besitzt einen besonders schönen Kreuzgang mit Refektorium und Kapitelsaal, in letzterem ist ein prächtiges Kreuzigungsfresko erhalten. Nahebei kann die **Casa Cavassa** besichtigt werden, die das Stadtmuseum beherbergt. In den Innenräumen des L-förmigen Renaissancepalastes sind noch Fresken und bemalte Holzdecken erhalten, ergänzt durch historisches Mobiliar.

Auch in der Umgebung von Saluzzo gibt es einiges zu sehen. Wunderschön sind die spätgotischen Freskenzyklen im Festsaal des mittelalterlichen **Castello della Manta** ➡ D3 wenige Kilometer südlich der Stadt: »Eroi ed Eroine«, neun Helden und neun Heldinnen aus Mythologie und Geschichte, die die höfischen Tugenden verkörpern, und gegenüber die Fontana della Giovinezza, der Jungbrunnen, wo der Traum des ewigen Lebens ironisch thematisiert wird.

Zehn Kilometer nordwestlich von Saluzzo erreicht man am Eingang zum Valle Po die Zisterzienserabtei **Abbazia di Staffarda** ➡ D3, eines der bedeutendsten

Klöster im Piemont, ebenfalls gestiftet von den Saluzzer Grafen. Die romanisch-gotische Kirche besitzt einen vergoldeten Altar und beeindruckt durch das Farbenspiel von Backsteinrot, Grau und Weiß. Vom idyllischen Kreuzgang kommt man ins Refektorium und in den schönen Kapitelsaal.

Tourist Information ➡ D3
Piazza Risorgimento 1
12037 Saluzzo
✆ 01 75 467 10
www.saluzzoturistica.it

Casa Cavassa ➡ D3
Via San Giovanni 5, Saluzzo
✆ 01 75 414 55
www.casacavassa.it
April–Sept. Di–Do, Sa/So 10–13 und 15–18, Fr 15–18, Okt.–März Di, Do, Fr 14.30–17, Sa/So 10–12.30 und 14.30–17 Uhr
Eintritt € 5/2,50, Kombiticket mit Torre Civica € 6
Der großzügige Renaissancepalast steht in der Oberstadt, nur wenige Schritte vom Dom entfernt.

Torre Civica ➡ D3
Via San Giovanni, Saluzzo
April–Sept. Fr 10–12.30, Sa/So 10–12.30 und 15–18.30, Okt.–März Fr 10.30–12.30, Sa/So 10.30–12.30 und 14–17 Uhr
Eintritt € 3/1,50
Der 48 m hohe Stadtturm wurde 1462 erbaut.

Ausflugsziele:

Abbazia di Staffarda ➡ D3
Piazza Roma 2
Località Revello, Saluzzo
✆ 01 75 27 32 15
www.ordinemauriziano.it
Tägl. außer Mo 9–12.30 und 13.30–18.30, Nov.–Feb. nur bis 17 Uhr, Eintritt € 6,50/4.50
Ehemalige Zisterzienserabtei.

Castello della Manta ➡ D3
Via De Rege Thesauro 5
12030 Manta
✆ 01 75 878 22
www.fondoambiente.it
Tägl. außer Mo 10–18, Okt.–Dez. nur bis 17 Uhr, Eintritt € 6/3
Burganlage mit prächtigen Fresken.

Val Chisone ➡ A/B1/2

Im Val Chisone liegt der Wintersportort **Sestriere** ➡ B1, in dem 2006 die alpinen Wettbewerbe der XX. Olympischen Winterspiele stattfanden. Vorher, etwa 75 Kilometer von Turin, passiert man die Bergfestung **Le Fenestrelle** ➡ A1 aus dem 18. Jahrhundert, die sich mit mehreren Kanonenforts auf drei Kilometern Länge vom Flusstal bis auf eine Hochebene zieht, begleitet von der Scala Coperta, einer überdachten Treppe mit 4000 Stufen, und der Scala Reale mit 2500 Stufen.

Tourist Information ➡ A1
Piazza della Fiera 1
10060 Fenestrelle
✆ 01 218 36 17

Le Fenestrelle ➡ A1
Via del Forte 1
Fenestrelle
✆ 01 21 836 00
www.fortedifenestrelle.it
Rundgänge von einer Stunde bis zu einem ganzen Tag (€ 5–15 pro Person), Voranmeldung obligatorisch (Do–Mo 10–13 und 15–17 Uhr)
Die imposante Gebirgsfestung zieht sich wie ein steinerner Riegel vom Fluss Chisone den Hang hinauf.

Die Kathedrale Santa Maria Assunta in der Unterstadt von Saluzzo

Der Nordosten des Piemont

In den klimatisch begünstigten Voralpen ist es vor allem der berühmte Lago Maggiore der die großen Besucherscharen anzieht. Mitteleuropäer lockt seine bezaubernde Vegetation, Italiener kommen bevorzugt im Sommer, um der Hitze in der Poebene zu entgehen. Dort liegen Novara und Vercelli inmitten des größten Reisanbaugebiets in Europa, die Hügelstadt Biella am Weg von Turin zum See ist dagegen bekannt für ihre Textilfabrikation und die dazugehörigen Outlet-Stores.

Die Vista Points sind alphabetisch sortiert.

Biella ➡ S21

Das bedeutende Zentrum der Woll- und Textilindustrie ist landesweit berühmt für die Produktion hochwertiger Stoffe. In Dutzenden von **Outlet-Stores** kann man zu stark herabgesetzten Preisen Markenqualität erwerben. Eine romantische Standseilbahn führt hinauf in die mittelalterliche Oberstadt **Piazzo** mit ihren engen Gässchen, wo man den schönen Rundumblick genießen kann. Sehenswert sind die Cattedrale di Santo Stefano, der benachbarte Campanile und das Baptisterium aus dem 11. Jahrhundert (nur von außen zu besichtigen).

Das **Santuario di Oropa** ➡ R21 an den Ausläufern des Monte Mucrone nördlich von Biella ist eines der wichtigsten Marienheiligtümer Italiens. Die Barockanlage gruppiert sich um die Basilica d'Oropa mit der Statue der schwarzen Madonna, weiter oben steht die imposante Kuppelkirche Chiesa Nuova.

Vier Kilometer südöstlich von Biella liegt die mittelalterliche Siedlung **Ricetto di Candelo** ➡ S21 am Ortsrand von Candello. Ihre Bausubstanz aus dem 14. Jahrhundert ist noch vollständig erhalten und sie wurde zu einer Art Freilichtmuseum umfunktioniert.

Lanificio Fratelli Cerruti ➡ S21
Via Cernaia 40 (in der Neustadt am Fluss), Biella
✆ 015 359 11
www.lanificiocerruti.com
Mo 15–19, Di–Fr 9.30–13 und 15–19, Sa 9.30–19 Uhr
Die wohl bekannteste Textilfirma in Biella produziert seit 1881, Rabatte bis zu 50 %.

Die Uferpromenade zählt zu den schönsten am Lago Maggiore: Cannobio

Lago Maggiore

➡ O24–Q23

Der westlichste der drei großen italienischen Alpenseen ist 66 Kilometer lang und durchschnittlich vier Kilometer breit, nur im Borromäischen Golf in der Seemitte dehnt er sich bis zu zwölf Kilometer aus. In Italien wird er nach seinem früheren lateinischen Namen »Lacus Verbanus« Verbano genannt. Der nördliche Bereich – etwa ein Sechstel des gesamten Sees – liegt noch im Schweizer Kanton Tessin und ist mit seinen zwei berühmten Urlaubsorten Locarno und Ascona sicherlich einen Ausflug wert (Ausweiskontrolle an der Grenze).

Das südlich sich anschließende Westufer gehört zur Region Piemont, während der Osten Teil der

Lombardei ist – eine historische bedeutsame Grenze, denn im 19. Jahrhundert verlief hier die Grenze zwischen den österreichisch besetzten Gebieten der Lombardei und den Patrioten im Piemont, die die nationalstaatliche Einigung Italiens erstrebten und schließlich erkämpften.

Vor allem die Seemitte ist bekannt für ihre subtropisch anmutende Vegetation mit Palmen und üppigen Parkanlagen, darunter die wunderbaren **Giardini Botanici di Villa Taranto** ➡ P23 in Verbania, ein 16 Hektar großer Hügelpark mit einer Fülle exotischer Pflanzen, gegründet 1931 von einem Schotten. Im See davor ruhen wie gemalt die Borromäischen Inseln, von denen die weltberühmte **Isola Bella** ➡ P23 im 17. Jahrhundert zu einer fast märchenhaft anmutenden Palastinsel gestaltet wurde. Der gegenüber liegende Uferort **Stresa** ➡ P23 entwickelte sich schon vor über hundert Jahren zur begehrten Sommerfrische des europäischen Adels und nennt heute gleich mehrere Grand Hotels sein eigen.

Cannobio ➡ O24

Der reizvolle Ort liegt im Nordwesten des Lago, nur wenige Kilometer südlich der Schweizer Grenze. Enge Treppengassen mit überwölbten Durchgängen ziehen sich zur attraktiven Promenade hinunter, die abends für den Verkehr gesperrt ist. In mehreren Cafés und Freiluftrestaurants sitzt man gemütlich, in der Saison gibt es hier allabendlich Livemusik. Nördlich vom Ort erstreckt sich ein langer Kiesstrand, dahinter liegen acht Campingplätze.

Santuario della Santissima Pietà ➡ O24

Piazza Santuario 2, Cannobio

✆ 03 23 712 55

In der Renaissancekirche am Seeufer wird ein kleines Bildnis verehrt, das Jesus zusammen mit Maria und Johannes zeigt. Am 8. Januar 1522 sollen aus dieser Pietà Blut und Tränen auf ein Tuch geflossen sein, das heute in einem gläsernen Schrein unter dem Hauptaltar aufbewahrt wird.

Die Isola Bella liegt im Lago Maggiore

Grotto Sant'Anna ➡ O24

Via Sant Anna 30, Traffiume (Cannobio)

✆ 03 23 706 82

April–Okt. tägl. geöffnet

Das kleine Ristorante schmiegt sich landeinwärts von Cannobio wunderbar über eine Schlucht im Valle Cannobina, die kleine Speisekarte bietet gute Qualität zu höheren Preisen. €€–€€€

Isole Borromee (Borromeische Inseln) ➡ P23

Die drei Inseln sind seit über hundert Jahren die berühmtesten Ausflugsziele am Lago Maggiore, ihre Popularität ist ungebrochen. So herrscht im Sommer stets heftiger Andrang, vor allem auf der **Isola Bella**, der »Schönen Insel«, die von Stresa aus am schnellsten zu erreichen ist. Im 17. Jahrhundert ließ Carlo III. aus der mächtigen Borromeo-Familie auf dem damals unbesiedelten Eiland einen imposanten **Palast** mit prachtvoll terrassierten Gartenanlagen errichten. Er benannte die Insel nach seiner Frau Isabella, woraus schnell »Isola Bella« wurde. Spätere Generationen bauten weiter und schließlich wurde die ganze Insel zu einer einzigen Palastanlage, die einem vor Anker liegenden Schiff ähnelt. Ein Rundgang gibt hervorragende Einblicke in das Leben des begüterten Adels.

Auf der **Isola dei Pescatori** liegt dagegen ein einstiges Fischerdorf, das heute fest in Urlauberhand ist. Souvenirshops, Snackbars, Cafés und Restaurants lassen nur wenig Romantik aufkommen, doch immerhin haben einige Lokale sehr stimmungsvolle Seeterrassen.

Die **Isola Madre** liegt weit draußen im See und ist die ruhigste der drei Inseln. Auch hier steht ein eleganter Palazzo Borromeo mit einem prächtigen Garten.

Navigazione Laghi/Überfahrt zu den Isole Borromee ➡ P23
✆ 800 55 18 01
www.navigazionelaghi.it
Die Linienschiffe der Seeschifffahrt fahren von Stresa stündlich die Inseln an. Dazu pendeln ständig private Motorboote. Häufige Verbindungen gibt es auch von Baveno und Verbania/Pallanza.

Palazzo Borromeo ➡ P23
Isola Bella
www.isoleborromee.it
Mitte März–Mitte Okt. tägl. 9–17.30 Uhr, Eintritt € 16/8,50
Die zahlreichen Säle und Wandelhallen des Palastes bergen allen barocken Prunk, die Gärten sind mit Statuen und Brunnen in zehn Terrassen übereinander angelegt.

Giardini Botanici di Villa Taranto ➡ P23
Via Vittorio Veneto 111
Verbania Pallanza
✆ 03 23 55 66 67
www.villataranto.it
Tägl. 8.30–18.30, Okt./Nov. 9–16 Uhr, Eintritt € 10/5,50, Parken frei
Der weitläufige Park auf der Landzunge Punta della Castagnola besitzt eine eigene Schiffsanlegestelle.

Ausflugsziel:

Lago d'Orta ➡ P/Q22
Von Stresa erreicht man über den Mottarone-Pass rasch den kleinen, ruhigen Nachbarsee, der mit dem romantischen Örtchen **Orta San Giulio** samt der vorgelagerten **Isola San Giulio** ein echtes Juwel besitzt – was allerdings nicht unbekannt geblieben ist. In der Saison pendeln ständig Motorboote von der Piazza Mario

Am Lago Maggiore: Giardini Botanici di Villa Taranto in Verbania

Motta hinüber zur Insel (€ 5), die von einem einstigen Bischofspalast, heute ein Benediktinerinnenkloster, überragt wird. Die romanische **Basilica San Giulio** ist üppig barock ausgestattet. Ihre Gründung geht auf einen Wundertäter zurück, der die Insel im 4. Jh. von »Drachen und Schlangen« befreit haben soll.

Novara ➡ S23

Die lebhafte 100 000-Einwohner-Stadt inmitten des größten Reisanbaugebietes Europas ist eine geschäftige und dynamische Metropole, die durchaus Turin ähnelt: lange Straßen mit Arkadengängen, die überkuppelte Basilika San Gaudenzio (ein Vorläufer der Mole Antonelliana in der Hauptstadt, ebenfalls erbaut von Antonelli), der mächtige Dom und das Castello mitten in der Stadt.

Tourist Information ➡ S24
Baluardo Quintino Sella 40 (Largo Cavour), 28100 Novara
✆ 03 21 39 40 59
www.turismonovara.it

Hostaria i 2 Ladroni ➡ S24
Corso Cavallotti 15, Ecke Via dell' Archivio 1, Novara
✆ 03 21 62 45 81, www.2ladroni.it
So geschl.
Höchst gemütliche Trattoria (nicht vom Äußeren abschrecken lassen), leckere Küche und prima Weine, der nette Service ist ebenfalls erfreulich. €€

Vercelli ➡ T22/23

Die Reismetropole ist nicht rundweg attraktiv, besitzt aber in der Innenstadt zwei interessante Museen und die imposante **Basilika Sant'Andrea** mit schönen Kreuzgängen und einem bemerkenswerten Kapitelsaal im angeschlossenen Kloster.

Die Basilika Sant'Andrea ist ein Musterbeispiel italienischer Kirchengotik

Tourist Information
➡ T22/23
Viale Garibaldi 90
13100 Vercelli
✆ 01 61 580 02
www.altavalsesiavercelli.it

Museo Camillo Leone
➡ T22/23
Via Giuseppe Verdi 30, Vercelli
✆ 01 61 25 32 04
www.museoleone.it
Di–Fr 15–17.30, Sa/So 10–12 und 15–18 Uhr
Eintritt € 7/5
Camillo Leone (1830–1907) hat alles gesammelt, was ihm in die Finger kam – sehenswert und originell.

Museo Francesco Borgogna
➡ T22/23
Via Antonio Borgogna 46
Vercelli
✆ 01 61 25 27 76
www.museoborgogna.it
Di–Fr 15–17.30, Sa 10–12.30, So 10–12.30 und 14–18 Uhr
Eintritt € 10/5
Die Pinakothek gehört zu den schönsten und bedeutendsten im Piemont.

Asti und die Weinbaugebiete Monferrato, Langhe und Roero

Die Hügel südöstlich von Turin bilden eine der renommiertesten Weinbauregionen Italiens. Weine von Weltrang – viele mit DOC oder DOCG-Prädikat – werden in der toskanahaft anmutenden Landschaft mit ihren kleinen Hügeldörfern und stolzen Castelli produziert: der volle und kräftige Barolo, der samtigere Barbaresco und der fruchtig-herbe Barbera. Zahlreiche hochklassige und oft stilvoll-gepflegte Restaurants und Osterien bieten ausgezeichnete und vielseitige Küche auf der Basis lokaler Produkte, wobei die Gerichte mit den raren Trüffelpilzen, die etwa zeitgleich zur Weinlese geerntet werden, besonders geschätzt sind.

Die Zahl der Weinkellereien und Winzer geht in die Hunderte. Einen ausgezeichneten Überblick über ihre Produkte erhält man in den bestens sortierten Önotheken von Barolo, Barbaresco, Costigliole d'Asti, Grinzane Cavour und Acqui Terme, die zum Teil sehr stilvoll in alten Kastellen untergebracht sind.

Die Vista Points sind alphabetisch sortiert.

Alba ➡ D6

Das mittelalterliche Städtchen ist das Zentrum der Region Langhe. Mit seinen schlanken Geschlechtertürmen und dem großen Backsteindom ist es vor allem ein Reiseziel für bekennende Gourmets, denn hier finden sie exzellente Rotweine und die berühmten weißen Trüffelpilze *tartufi bianchi*. Überall in den schmalen Gassen werden kulinarische Kostbarkeiten angeboten und jeden Samstag findet ein großer Wochenmarkt statt, der bis auf das Mittelalter zurückgeht.

Die Trüffel werden im Oktober geerntet, dann findet die große **Fiera Nazionale del Tartufo Bianco d'Alba** (www.fieradeltartufo.org) statt, zu der Gastronomen und Händler aus ganz Italien anreisen.

ℹ Ente Turismo Alba Bra Langhe e Roero ➡ D6
Piazza Risorgimento 2, 12051 Alba
✆ 01 73 358 33
www.langheroero.it
Viele deutschsprachige Broschüren über Weinkeller und Degustation.

Trüffelsucher

Trüffel sind unterirdisch wachsende Schlauchpilze. Für die Suche danach verwendet man abgerichtete Hunde. Die *trifolai* (Trüffelsucher) halten ihre Fundstellen streng geheim, weil dort immer wieder neue Trüffel entstehen, und lassen ihre Hunde am liebsten nachts nach den begehrten Knollen schnüffeln. Die Preise für die wertvollen, kartoffelförmigen Edelpilze beginnen bei etwa 40 bis 60 Euro für 25 Gramm (Portion für zwei Personen).

Weiße und schwarze Tüffel auf dem Markt in Alba

Lalibera ➡ D6
Via Pertinace 24, Alba
✆ 01 73 29 31 55
www.lalibera.com
Mo mittags und So geschl.
Helle Räumlichkeiten in modernem Design, wunderbare Küche, viele Piemont-Klassiker (teils neu interpretiert), dazu eine hervorragende Weinauswahl. Reservierung empfohlen. €€

Osteria dell'Arco ➡ D6
Piazza Savona 5
Alba
✆ 01 73 29 31 55
www.osteriadellarco.it
So (außer Herbst) geschl.
Etwas versteckt im Hinterhof liegt diese alteingesessene Slowfood-Trattoria, die seit vielen Jahren konstante Qualität zu erfreulichen Preisen bietet. €€

Tartufi Morra und Tartufi Ponzio ➡ D6
– Piazza Pertinace 3, Alba
www.tartufimorra.com
– Via V. Emanuele II 7/a
www.tartufiponzio.com
Die beiden renommiertesten Adressen für Trüffel bieten alles rund um die begehrten Knollenpilze.

Asti ➡ B6/7

Die Hauptstadt des Monferrato ist eine touristisch nicht überlaufene Stadt, in der man in zahlreichen Lokalen und Enoteche gut essen und trinken kann und in deren Feinschmeckerläden die süßen Leckereien des Piemont angeboten werden. Weltbekannt ist natürlich vor allem der prickelnde Asti Spumante, Musikliebhabern ist auch der 1937 in Asti geborene Liedermacher Paolo Conte ein Begriff.

Zentrum der Stadt ist die große dreieckige **Piazza Alfieri**, an der der lange, mit Granit gepflasterte **Corso Alfieri** vorbeiläuft, der das ganze Zentrum durchzieht. Im Umkreis liegen die Gassen und

Roter Backstein ist ebenso typisch für Asti wie der berühmte süße Sekt

Plätze der Altstadt. Die Backsteinkathedrale **Santa Maria Assunta** steht nördlich vom Corso und ist die größte gotische Kirche im Piemont. Die herrliche Fassade mit drei Rosetten und großem Portal beeindruckt ebenso wie die prächtigen Rokoko-Fresken im dreischiffigen Inneren.

Südlich vom Corso steht auf einer hübschen Piazza der Altstadt die romanisch-gotische Kirche **San Secondo**. In der ersten Seitenkapelle rechts werden die Banner für die Sieger des alljährlichen Palio aufbewahrt. Am Ende des rechten Seitenschiffs soll einst San Secondo, der Schutzheilige der Stadt, enthauptet worden sein. In der alten Krypta, deren älteste Säulen aus dem 8. Jahrhundert stammen, ruhen seine Gebeine. Direkt am Corso Alfieri kann man **Sant'Anastasio** besichtigen, eine archäologische Ausgrabungsstätte mit römischen Relikten, schöner Krypta und angeschlossenem Museum.

Tourist Information ➡ B6/7
Palazzo della Provincia, Piazza Alfieri 34, 14100 Asti
✆ 01 41 53 03 57
www.astiturismo.it

Sant'Anastasio ➡ B6/7
Corso Alfieri 365/A, Asti
✆ 01 41 43 74 54
April–Okt. tägl. außer Mo 10–13 und 16–19, sonst 10–13 und15–18 Uhr, Eintritt € 3,70/2,10
Archäologische Ausgrabungsstätte.

L'Angolo del Beato ➡ B6/7
Vicolo Cavalleri 2, Asti
✆ 01 41 53 16 68
www.angolodelbeato.it
So geschl.
Beste piemontesische Küche in elegant-gemütlichem Ambiente, dazu eine Karte mit 400 Weinen. €€–€€€

Tacabanda ➡ B6/7
Via Al Teatro Alfieri 5, Asti
✆ 01 41 53 09 99
Mo geschl.
Die Osteria beim Theater bietet klassisch-kreative piemontesische Küche mit sorgfältiger Weinauswahl, wobei der Barbera im Mittelpunkt steht. Im Sommer kann man auch sehr schön im Freien essen. €€

Il Diavolo Rosso ➡ B6/7
Piazza San Martino 4
Altstadt, Asti
✆ 339 564 13 02
www.diavolorosso.it
Do–So ab 19.30 Uhr
Das Kulturprojekt in der aufgelassenen Kirche San Michele ist dem lokalen Radrennmatador Giovanni Gerbi (1885–1954) gewidmet – daher auch der Name: Diavolo Rosso, roter Teufel, so wurde Gerbi genannt. Mehrmals im Jahr finden hier Konzerte, Ausstellungen und Theateraufführungen statt.

Daneben liegt die gemütliche **Osteria del Diavolo** (✆ 01 41 302 21, www.osteriadeldiavolo.it, tägl. außer So 20–24 Uhr) mit kleinem Gastgarten, wo man klassische piemontesische und ligurische Gerichte versuchen kann. €–€€

Davide Barbero ➡ B6/7
Via Brofferio 84, Asti
www.barberodavide.it
Mo–Fr 8–12 und 14–18 Uhr
Das Haus Davide Barbero ist seit 1883 Spezialist für Schokolade und den süßen *torrone d'Asti* (weißer Nougat).

Palio d'Asti ➡ B6/7
3. So im Sept.
Das Stadtfest zu Ehren des Stadtheiligen San Secondo beginnt mit einem großen Umzug in historischen Kostümen, nachmittags folgen dann die Vorläufe zum entscheidenden Pferderennen an der Piazza Alfieri. Nicht mitmachen darf übrigens die Nachbarstadt Alba, denn diese hatte in der Vergangenheit zu oft gewonnen. Aber die Albeser haben sich bitter gerächt und den **Palio degli Asini** erfunden, einen Wettlauf mit Eseln.

Hier hat der Weinbau Tradition: Costigliole d'Asti

Barbaresco ➡ D6

Das kleine Dorf ist die Heimat des gleichnamigen Weins, der in Konkurrenz zum berühmten Barolo steht. Die **Enoteca del Barbaresco** ist in der ehemaligen Kirche San Donato untergebracht, hier kann man die Barbaresco-Weine von etwa 80 verschiedenen Winzern in Ruhe verkosten.

Enoteca del Barbaresco ➡ D6
Piazza del Municipio 7
Barbaresco
✆ 01 73 63 52 51
www.enotecadelbarbaresco.it
Mo–Sa 10–19, So 10–13 und 14–19 Uhr
Degustation € 1,50/Glas, bei Kauf ist die Degustation gratis.

Barolo ➡ D5

Der berühmteste Weinort des Piemont, denn hier gedeiht er, der »König der Weine« oder der »Wein der Könige«. Vollendet stilgerecht zeigt sich dazu das prachtvolle **Castello Falletti**, das mit seinen freskenverzierten Sälen zur Besichtigung offensteht und in dem 2010 nach langer Restaurierung auf drei Etagen ein interessantes Weinmuseum (WiMU) eröffnet wurde. Danach steigt man gerne in den Keller hinunter, wo die **Enoteca Regionale del Barolo** ➡ D5 auf den Besuch von Weinliebhabern wartet.

WiMu – Museo del Vino a Barolo ➡ D5
Barolo
✆ 01 73 38 66 97
www.wimubarolo.it
Tägl. 10.30–19, letzter Einlass um 18 Uhr
Eintritt € 8/6 (über 65 J.)
Museum zur Geschichte des Weinbaus der Region.

Enoteca Regionale del Barolo ➡ D5
Barolo
✆ 01 73 562 77
www.enotecadelbarolo.it
tägl. außer Mi 10–18.30 Uhr
Degustation ca. € 2–8 pro Glas
Vinothek im Palast der Familie Falletti.

Bra ➡ D5

Das Barockstädtchen ist Geburtsort der Slowfood-Bewegung, die 1986 gegründet wurde – einige Menschen waren am Genuss von Wein gestorben, der mit Methanol verschnitten worden war, und zugleich als Antwort auf McDonald's Fastfood, der damals seine erste Filiale in Rom eröffnete. Slowfood kämpft für die Verwendung von hochwertigen und nach ökologischen Richtlinien hergestellten Nahrungsmitteln, in Turin findet alljährlich die einschlägige Messe »Salone del Gusto« statt (vgl. Turin, »Il Lingotto«).

Boccondivino ➡ D5
Via Mendicità 14, Bra
✆ 01 72 42 56 74
www.boccondivinoslow.it
So/Mo geschl.
Ein »Mund voller Wein« bzw. »Ein himmlischer Bissen« – beides heißt *boccondivino* – ist das Motto der Slowfood-Trattoria der ersten Stunde. Man sitzt in einem großen, grünen Innenhof und kann die umfassende Weinauswahl genießen, dazu mundet die ausgezeichnete Küche piemontesischer Tradition. €€–€€€

Canelli ➡ D7

Das kleine Städtchen südöstlich von Costigliole d'Asti gilt als Hauptstadt des Spumante – In den langen Gängen und Gewölben unter der Altstadt reifen die kostbaren Tropfen in langen Reihen. Carlo Gancia hat hier 1865 den ersten Spumante Italiens erfunden, die Sektkellerei Fratelli Gancia gibt es bis heute (www.gancia.it).

San Marco ➡ D7
Via Alba 136, Canelli
✆ 01 41 82 35 44
www.sanmarcoristorante.it
Di/Mi geschl.
Seit vielen Jahren genießt dieses Restaurant den Ruf, beste piemontesische Küche mit ausgewählten Zutaten und darüber hinaus eine wunderbare Weinkarte mit 600 Posten anzubieten. Seine Michelin-Auszeichnung verteidigt es schon lange. €€–€€€

Contratto ➡ D7
Via G. B. Giuliani 56, Canelli
✆ 01 41 82 33 49
www.contratto.org
Die 90-minütige Führung durch die historischen Keller des angesehenen Weinguts ist ein Erlebnis. Nur mit Voranmeldung, € 25 pro Person.

Castelnuovo Don Bosco

➡ A5/6

Der bekannte Wallfahrtsort liegt im nördlichen Astigiano, nicht weit von Turin. 1815 wurde hier Don Giovanni Bosco geboren, der Gründer des Ordens der Salesianer, die sich weltweit um die Förderung von Jugendlichen kümmern – die Idee dazu hatte er bereits als Neunjähriger nach einem Traum, in dem ihm Christus erschienen war. 1934 wurde er von Papst Pius XI. heilig gesprochen. Auf dem Hügel **Colle Don Bosco** ➡ B6, vier Kilometer südlich vom historischen Zentrum, liegt das Pilgerzentrum mit seiner Kuppelkirche **Chiesa superiore** (Oberkirche) und der kleineren **Chiesa inferiore** (Unterkirche), dem bescheidenen Geburtshaus des Ordensgründers, dem **Bauernmuseum Vita contadina dell'800** und einem **Missionsmuseum** der Salesianer.

Sieben Kilometer nördlich von Castelnuovo Don Bosco kommt man in das schön gelegene Dörfchen Albugnano. Etwas unterhalb davon steht die **Abbazia di Vezzolano** ➡ A5, eine Augustinerabtei von kunsthistorischer Bedeutung.

Santuario Colle Don Bosco ➡ B6
Colle Don Bosco
www.colledonbosco.it
Kirchen tägl. 7–12 und 14–18 Uhr, Gottesdienst Mo–Sa 7, 8, 11 und 17, So 8, 9.30, 11, 17 und 18.15 Uhr, Geburtshaus tägl. 8–12 und 14.30–17.30 Uhr
Die Kuppel der 1984 geweihten Oberkirche ist 80 Meter hoch. Dominierend hängt über dem Altar eine acht Meter hohe Christusfigur, die dem Traum des neunjährigen Giovanni nachempfunden ist. In der Unterkirche stellen Skulpturen den Kreuzweg dar, hinter dem Altar ist eine Reliquie des hl. Don Bosco erhalten. Das kleine Elternhaus Giovannis und eine Ausstellung im Pferdestall können besichtigt werden.

Museo della Vita Contadina und Museo Etnologico Missionario ➡ B6
Colle Don Bosco
✆ 011 98 771 68, tägl. außer Mo 10–12 und 14.30–18, im Winter bis 17.30 Uhr, Eintritt frei
Das Bauernmuseum zeigt die Umgebung, in der Giovanni Bosco seine Kindheit und Jugend verlebte, ein Bauernhaus ist originalgetreu rekonstruiert. Im Missionsmuseum haben die Salesianer Tausende von Gegenständen aus den Ländern zusammengetragen, in denen sie tätig sind.

Ausflugsziel:

Abbazia di Vezzolano ➡ A5
Strada dell'Abbazia, Albugnano (ca. 7 km nördl. von Castelnuovo)
✆ 011 99 206 07
Tägl. außer Mo 9–12.30 und 14–18.30, im Winter 9–12.30 und 14–18 Uhr, Eintritt frei

Die dreischiffige Kirche besitzt eine harmonische Fassade mit drei Reihen von Blendarkaden, Säulchen und Skulpturen. Im Inneren beeindruckt der Lettner mit fünf spitzen Arkadenbögen und zwei großen Relieftafeln. Angeschlossen ist ein Kreuzgang mit Fresken des 14. Jh.

Cherasco ➡ D5

Cherasco ist »La città delle lumache«, Italiens Schneckenstadt. Schnecken werden hier gezüchtet, verkauft und stehen als variantenreiche Spezialität auf allen Speisekarten. Die mittelalterliche Festungsstadt liegt mit ihrem schachbrettartigen Grundriss auf einer Bergterrasse über zwei Flüssen. Die alten Mauern werden als Spazierwege genutzt. An der zentralen Piazza steht das **Rathaus** mit einem historischen Mondkalender.

Osteria della Rosa Rossa ➡ D5

Via San Pietro 31
✆ 01 72 48 81 33
So abends und Di geschl.
Kleine Osteria, in der vorzügliche piemontesische Küche serviert wird, natürlich Schnecken, aber auch Fisch. €€

Costigliole d'Asti ➡ C6

Ein klassisches Castello mit Rundtürmen und zwei Flügeln überragt den kleinen Ort auf halber Strecke zwischen Asti und Alba. In einem Flügel des Schlosses finden Ausstellungen und Veranstaltungen statt, im anderen hat das Italian Culinary Institute for Foreigners (ICIF) seinen Sitz. Hier werden ausländischen Köchen die Feinheiten der italienischen Kochkunst näher gebracht (www.icif.com). Der Park ist frei zugänglich.

Caffè Roma ➡ C6

Piazza Umberto I 14
Costigliole d'Asti
✆ 01 41 96 65 44
Tägl. außer Mo von mittags bis abends durchgehend
Rustikale Enoteca mit guten Weinen, dazu Käse, Wurstwaren und auch einige warme Gerichte. €€

Cantina Comunale dei Vini di Costigliole ➡ C6

Via Roma 9
Costigliole d'Asti
✆ 01 41 96 16 61
Di–Fr 10–12, Sa/So 10–13 und 16–19 Uhr
Weinverkostung im großzügigen Keller des Rathauses.

Eingebettet in die sanften Hügel der Langa Astigiana: das Castello di Costigliole d'Asti

Das Castello in Grinzane Cavour

9 Grinzane Cavour ➡ D6

Einzige, aber hochkarätige Sehenswürdigkeit des kleinen Orts ist das trutzige Backsteinkastell. Von 1832 bis 1849 lebte hier als Bürgermeister der spätere Ministerpräsident **Camillo Benso di Cavour**, der die nationalstaatliche Einigung Italiens entscheidend voranbrachte und deshalb gern »Bismarck Italiens« genannt wird. Es gibt wohl keine Stadt in Italien, die nicht eine Via Cavour aufzuweisen hat, aber hier wurde sogar ein ganzer Ort umbenannt – aus Grinzane wurde Grinzane Cavour.

Heute ist im Schloss die **Enoteca Regionale Piemontese** untergebracht, die älteste Önothek des gesamten Piemont (seit 1967). Dazu gibt es das exzellente **Ristorante al Castello** sowie eine volkskundliche Sammlung.

Castello Grinzane Cavour ➡ D6
Via Castello 5, Grinzane Cavour
✆ 01 73 26 21 59
www.castellogrinzane.com
Tägl. außer Di 9.30–19, im Winter bis 18 Uhr, Jan. geschl., Eintritt € 5
Die Degustation in der Enoteca kostet € 4,50 pro Glas.

La Morra ➡ D5

La Morra ist Zentrum des Weinbaus in der Langhe – Barolo, Barbaresco, Dolcetto und andere berühmte Tropfen werden hier produziert, viele renommierte Weingüter liegen dicht beieinander. Von der Piazza Castello kann man die herrliche Aussicht genießen, vom Castello ist allerdings nichts mehr erhalten, an dessen Stelle steht das Restaurant »Belvedere«.

Cantina Comunale ➡ D5
Via C. Alberto 2 (nicht weit von der Piazza Castello), La Morra
✆ 01 73 50 92 04
www.cantinalamorra.com
Tägl. außer Di 10–12.30 und 14.30–18.30 Uhr
Hier kann man in nettem Ambiente die Weine aller Erzeuger im Umkreis kaufen, außerdem viele Informationen. Degustation € 2–5.

Néive ➡ D6

Das im Zentrum recht reizvolle Hügeldorf liegt wenige Kilometer östlich von Barbaresco. Neben seinen exzellenten Weinen ist es die berühmte Grapperia von **Romano Levi**, die Besucher von nah und fern anzieht. Romano Levi hat die Destillerie 1945 von seiner Mutter übernommen und ist ihr über fünfzig Jahre lang treu geblieben. Heute wird sie von Giorgio Toso geführt, der hier ebenfalls schon über zwei Jahrzehnte arbeitet.

Grappe Romano Levi ➡ D6
Via Settembre 44, Neive
✆ 01 73 67 051
www.grapparomanolevi.it

Die von Romano Levi entworfenen Etiketten erzielen Höchstpreise, aber auch für eine Flasche Tresterschnaps muss man gut € 30 investieren.

10 Serralunga d'Alba ➡ D6

Eine stolze mittelalterliche Burg, schützend umgeben von den alten Häusern des Ortes – malerisch und funktional zugleich präsentiert sich das wehrhafte Ensemble. Das Kastell steht zur Besichtigung offen, hat aber rein militärischen Charakter ohne repräsentative Ausstattung.

Das renommierte, 125 Jahre alte Weingut **Fontanafredda**, einstiger Sommersitz des Hauses Savoyen, liegt an der Straße nach Alba. In der zum Weingut gehörigen Villa Reale della »Bella Rosin«, die König Vittorio Emanuele II. seiner bürgerlichen Geliebten und späteren zweiten Ehefrau Rosa Vercellana schenkte, kann man im **Ristorante Guido** stilvoll speisen.

Castello di Serralunga d'Alba ➡ D6
Serralunga d'Alba
✆ 01 73 61 33 58
www.castellodiserralunga.it
Tägl. außer Mo 9–12 und 14–18, im Winter 10–12 und 14–17 Uhr, mit Führung, Eintritt € 6/3
Weithin sichtbare mittelalterliche Burg.

Guido ➡ D6
Via Alba 15, Serralunga d'Alba
✆ 01 73 62 61 62
www.guidoristorante.it
Di–Fr nur abends, Sa mittags und abends, So nur mittags
In dem historischen Jagdschloss speist man in gediegenem Rahmen und in echter Slowfood-Manier, Qualität ausgezeichnet, Reservierung obligatorisch. €€€

Cascina Schiavenza ➡ D6
Via Mazzini 4, Serralunga d'Alba
✆ 01 73 61 31 15
www.schiavenza.com
So abends und Di geschl.
In zentraler Lage im Ort sitzt man auf einer Terrasse mit Blick in die Weinberge und genießt die leckere Küche und den aufmerksamen Service, die Weine stammen vom eigenen Weingut. Reservierung empfohlen. €€ ■

Blick über Serralunga d'Alba auf die Weinberge der Langhe

Ligurien (Liguria) in Zahlen und Fakten

Größe: 5420 km², die drittkleinste Region Italiens
Einwohnerzahl: 1,6 Mio. (295 Einw./km²), mehr als 90% davon leben im Küstengebiet
Politische Gliederung: aufgeteilt in vier Provinzen (Genua, Imperia, La Spezia und Savona), Hauptstadt ist Genua (Genova)
Größte Städte: Genua (ohne Umland 600 000 Einw.), La Spezia (94 500 Einw.), Sanremo und Savona (beide 60 000 Einw.)
Höchste Erhebung: Monte Saccarello (2200 m) in den ligurischen Alpen
Küstenlänge: über 300 km
Wirtschaft: Schiffbau, chemische und petrochemische Industrie, Eisenverarbeitung, Fremdenverkehr

Piemont (Piemonte) in Zahlen und Fakten

Fläche: 25 399 km², die zweitgrößte Region Italiens
Einwohnerzahl: 4,43 Mio (175 Einw./km²)
Politische Gliederung: aufgeteilt in acht Provinzen (Turin, Alessandria, Asti, Biella, Cúneo, Novara, Verbania-Cusio-Ossola und Vercelli), das Aostatal ist autonomes Gebiet, Hauptstadt ist Turin (Torino)
Größte Städte: Turin (ohne Umland knapp 902 000 Einw.), Novara (104 000 Einw.), Alessandria (94 000 Einw.) und Asti (76 000 Einw.)
Höchste Erhebung: Mont Blanc im Aostatal (4809 m), an zweiter Stelle Piemont Monte Rosa (4618 m)
Längster Fluss: der Po entspringt im Piemont und ist mit 652 km der längste Fluss Italiens
Wirtschaft: Autoindustrie (Fiat und Lancia), Computer- und Schreibmaschinenherstellung (Olivetti), Bekleidungs- und Modeindustrie, Papier und Buchdruck, Lebensmittelherstellung (u. a. Ferrero), Landwirtschaft und Weinbau

Anreise, Einreise

Ausweiskontrollen gibt es derzeit nur bei der Anfahrt über die Schweiz, da sie nicht zur EU gehört.

Für den Aufenthalt in Italien muss man einen gültigen Reisepass oder Personalausweis mit sich führen, Kinder bis zwölf Jahre benötigen einen Kinderreisepass, die früheren Kinderausweise gelten noch bis zum Ablauf ihrer Gültigkeit.

Mit dem Auto

Das Piemont erreicht man am besten über die Schweiz – entweder auf der St.-Gotthard-Autobahn (N 2) mit dem 16,9 Kilometer langen St.-Gotthard-Tunnel (Vorsicht: zu Ferienzeiten kommt es hier regelmäßig zu Staus) oder auf der landschaftlich reizvollen N 13 über Chur und durch den 6,6 Kilometer langen San-Bernardino-Tunnel. Beide Strecken treffen sich bei Bellinzona, dann geht es am Luganer See nach Como und weiter nach Mailand. Von dort nach Turin kommt man in rascher Fahrt auf der A 4. Eine Alternative zu diesen beiden Anfahrtswegen ist die weiter westlich verlaufende Route über den Großen St. Bernhard mit einem sechs Kilometer langen Tunnel. Aus Bayern kommend kann man auch die etwas längere Strecke über den Brenner fahren und bei Verona auf die A 4 nach Mailand wechseln.

Wer direkt von Mailand an die ligurische Riviera will, nimmt die tunnelreiche A 7 durch den Apennin nach Genua. Zu überlegen ist dabei ein Wechsel auf die deutlich weniger befahrene A 26, die bei Voltri weiter westlich an die Küste trifft. Von Turin an die Riviera nimmt man die A 6 nach Savona oder die eindrucksvolle SS 20, die kurvenreich über Tenda und Breil durch die französischen Seealpen (Alpi Maritime bzw. Alpes Maritimes) nach Ventimiglia führt. Wer schließlich die Riviera di Levante östlich von Genua als Ziel hat, kann von Parma (A 1 ab Mailand bzw. Modena) die schöne Autobahn A 15 nach La Spezia benutzen oder – noch reizvoller – die parallel verlaufende SS 62 über den hohen Kamm des Apennin.

Autobahngebühren: Sowohl beim Transit durch die Schweiz und Österreich wie auch in Italien fallen für die Benutzung der Autobahnen Mautgebühren an. In Österreich kostet die Zehntagesvignette € 8,70 und die Zweimonatsvignette € 25,30 (für eine eventuelle Auffahrt zum Brenner müssen zusätzlich € 9 pro Pkw bezahlt werden). Die Schweizer Autobahnvignette kostet CHF 40 (ca. € 37, Wechselkurs schwankt) und ist 14 Monate gültig. Gebührenpflichtig ist der Tunnel durch den Großen St. Bernhard.

Mit der Eisenbahn

Die wichtigste alpenüberquerende Bahnlinie ist die Gotthard-Linie über Basel, Luzern, Bellinzona, Lugano und Como nach Mailand. Seit der Eröffnung des Gotthard-Basistunnels Ende 2016

Über dem pittoresken Hafen von Riomaggiore erheben sich steil die farbenfrohen Häuser

(mit 57 km Länge der längste Bahntunnel der Welt) sparen Reisende hier eine halbe Stunde. Von Milano gibt es stündliche Verbindungen nach Turin. Eine Variante: in Bellinzona nach Locarno umsteigen und von dort mit der »Centovalli-Bahn« (www.centovalli.ch) durch die Tessiner Alpentäler nach Domodossola im Piemont fahren und mit der italienischen Staatsbahn weiter nach Turin. Aus der Westschweiz kann man durch den 2007 eröffneten, fast 35 Kilometer langen Lötschbergtunnel fahren, danach über Brig durch den Simplontunnel (20 km) nach Domodossola und weiter nach Turin.

Für die ligurische Riviera ist Genua Drehkreuz des Bahnnetzes, direkte Kurswagen gibt es über Basel und die Gotthardstrecke von verschiedenen deutschen Städten aus. Ansonsten muss man in Mailand umsteigen und kommt etwa stündlich weiter nach Genua. Die ligurische Hafenstadt besitzt zwei große Bahnhöfe: Stazione Porta Principe im Westen und Stazione Brignole östlich vom Zentrum. Von Parma in der Poebene nach La Spezia kommt man etwa alle ein bis zwei Stunden (Dauer der Fahrt ca. 2 1/2 Std.). Unter Bahnliebhabern berühmt ist die schmalspurigen Tenda-Bahn, die sich von Turin mehrmals täglich über die Seealpen nach Ventimiglia schlängelt.

Mit dem Flugzeug
Viele Billigflieger nach Oberitalien steuern den Flughafen Malpensa nordwestlich von Mailand und den weiter östlich gelegenen Flughafen Orio al Serio bei Bergamo an. Von den beiden Airports kommt man mit Bus oder Bahn rasch nach Mailand und kann von dort stündlich nach Ligurien oder an die Riviera weiterfahren. Lufthansa und Air Dolomiti fliegen den Flughafen in Torino-Caselle (16 km nordwestlich von Turin) und den Flughafen Cristoforo Colombo (6 km westlich von Genua) an.

✈ **Turin – Aeroporto Torino-Caselle** ➡ U19
✆ 011 567 63 61
www.aeroportoditorino.it
Sadem-Busse (✆ 011 300 06 11, www.sadem.it) fahren alle 30 Minuten von und zum **Bahnhof Porta Nuova** ➡ bC2 im südlichen Zentrum (Fahrt ca. 45/50 Min., € 6,50 einfach). Außerdem gibt es alle 30 Minuten eine Verbindung mit dem GTT-Zug (Gruppo Torinese Trasporti, ✆ 800 01 91 52, www.gtt.to.it) vom Flughafen zum Bahnhof Dora im Norden Turins (Fahrt 20 Min., € 3 einfach).

✈ **Genua – Flughafen Cristoforo Colombo** ➡ F9
✆ 010 601 51
www.airport.genova.it
Der Volabus pendelt von 6 bis 23 Uhr stündlich zwischen Flughafen und den Bahnhöfen **Stazione Brignole** und **Stazione Principe** ➡ aA1 im Zentrum Genuas (Fahrt 30/40 Min., € 6 einfach).

Auskunft

Fremdenverkehrsämter
Das italienische Fremdenverkehrsamt ENIT (*Ente Nazionale Industrie Turistiche*, www.enit-italia.de) hat in der Bundesrepublik Deutschland und in Österreich je eine Niederlassung. Für Anfragen aus der Schweiz ist die deutsche Niederlassung zuständig.

ℹ **In Deutschland:**
Barckhausstr. 10
D-60325 Frankfurt/Main
✆ +49 (0) 69 23 74 34
www.enit-italia.de

ℹ **In Österreich:**
Mariahilfer Str. 1b/XVI
A-1060 Wien
✆ +43 (0) 1 505 16 39, www.enit.at

In Piemont und Ligurien:
So gut wie jeder größere Rivieraort und auch die wichtigsten Orte im Piemont verfügen über ein Informationsbüro, genannt **APT** *(Azienda di Promozione Turistica)*, **IAT** *(Informazione e Accoglienza Turistica)* oder **Pro Loco**, das im Kapitel »Vista Points« bei dem jeweiligen Ort aufgeführt ist. Gelegentlich besitzen die Büros auch eigene Websites mit touristischen Informationen, in vielen Fällen allerdings nur auf Italienisch.

Automiete, Autofahren

Mietwagen kann man in allen Urlaubsorten mieten. Anzuraten ist eine Kaskoversicherung *(CDW = collision damage waver)*. In der Regel wird bei der Anmietung eine Kreditkarte verlangt. Günstiger ist es oft, schon vor Reisebeginn über einen Mietwagenbroker online zu buchen.

In Italien und bei der Anreise über die Schweiz ist die **grüne Versicherungskarte** mitzuführen. Das **Tempolimit** auf Autobahnen liegt bei 130, auf dreispurigen Autobahnen oft bei 150 km/h, auf Schnellstraßen bei 110 km/h, auf Landstraßen bei 90 km/h, innerorts bei 50 km/h. Die italienischen **Bußgelder** gehören zu den höchsten in Europa, die Mindestgebühr für einfaches Falschparken beträgt € 35. Dachlasten und Ladungen, die über das Wagenende hinausragen, müssen mit einem reflektierenden, 50 mal 50 cm großen, rot-weiß gestreiften **Aluminiumschild** (kein Kunststoff!) abgesichert werden (erhältlich im deutschen Fachhandel, in Italien an Tankstellen). Für den Fall, dass man wegen Unfall oder Panne auf einer Autobahn das Auto verlässt, muss im Auto eine reflektierende **Sicherheitsweste** (DIN EN 471) vorhanden sein (erhältlich in Tankstellen, Baumärkten etc.). Tagsüber muss nicht nur auf Autobahnen, sondern auch auf allen Überlandstraßen mit **Abblendlicht** gefahren werden. **Telefonieren** am Steuer ist nur mit Freisprecheinrichtung erlaubt. Es herrscht **Anschnallpflicht**. Die **Promillegrenze** beträgt 0,5.

An der ligurischen Riviera verläuft die **Küstenautobahn A 10** (von Genua nach Westen) bzw. **A 12** (von Genua nach Osten) mit vielen Tunnels durch die Berge hoch über der Küste. Hier kommt man in der Regel rasch voran. Ganz anders auf der Küstenstraße **SS 1**, genannt Via Aurelia. Diese schlängelt sich durch jeden Urlaubsort und ist während der Feriensaison überlastet.

Parken ist an der Riviera fast überall schwierig. In den beliebten Badeorten zahlt man entweder hohe Gebühren oder muss weit außerhalb an der Via Aurelia parken und lange Fußmärsche in Kauf nehmen. An Sommerwochenenden sind die Parkplätze am Rand ihrer Kapazität.

Diplomatische Vertretungen

i Generalkonsulat der Bundesrepublik Deutschland
Via Solferino 40, I 20121 Milano
✆ 02 623 11 01
www.mailand.diplo.de
Mo–Fr 8.30–11.30, Di auch 14–16 Uhr

i Honorarkonsulat der Bundesrepublik Deutschland in Genua
Via Malta 2/1, I-16121 Genova
✆ 010 576 53 42
Di–Fr 8.45–12.45, Mi auch 13.15–16.15 Uhr

i Generalkonsulat von Österreich
Piazza del Liberty 8/4
I-20121 Milano
✆ 02 78 37 43, www.bmeia.gv.at
Mo–Fr 9–12 Uhr

Honorarkonsulat von Österreich in Genua
Via Assarotti 5/6, I-16122 Genova
✆ 010 839 39 83
Mo–Fr 10–12 Uhr

Generalkonsulat der Schweiz
Via Palestro 2, I-20121 Milano
✆ 02 777 91 61
www.eda.admin.ch/milano
Mo–Fr 9–12 Uhr

Honorarkonsulat der Schweiz in Genua
Lungobisagno Istria 29 L–R
I-16141 Genova
✆ 010 838 05 11

Einkaufen

Piemont und Ligurien sind kulinarische Einkaufsparadiese ersten Ranges: Weltweit begehrt sind die piemontesischen **Weine** aus Monferrato und Langhe, die man in den regionalen Önotheken vor Ort ausgiebig verkosten kann. Dazu kommen die kostbaren **Trüffel** aus Alba (nur begrenzt haltbar), **Gianduiotti-Pralinen** aus Turin, die handgezogenen Brotstangen namens **Grissini,** Torrone (weißer Nougat), **Asti Spumante** und viele weitere Leckereien.

Piemontesischer Käse und Wein

Aus Ligurien nimmt man sich gerne das gute **Olivenöl** aus der Taggiasca-Olive und das leckere **Pesto** mit, am Flughafen Genua dürfen Gläser bis zu 500 ml sogar ins Handgepäck – gegen eine Spende von € 0,50 für wohltätige Zwecke. Diese Ausnahmeregel gilt jedoch nur für Pesto! Eine Rarität und entsprechend teuer ist der **Süßwein** Sciacchetrà aus dem Gebiet der Cinque Terre.

Reizvoll ist auch der Besuch der vielen **Straßenmärkte**, auf denen ein buntes Allerlei an Waren angeboten wird, hauptsächlich Kleidung, Schuhe, Spielzeug, Schmuck, Kosmetika und dergleichen. Besonders vielseitig zeigen sich die **Antiquitäten- und Flohmärkte** *(Mercatino di antiquariato* bzw. *Mercatino delle pulci)*, die einmal oder mehrmals monatlich in verschiedenen Städten abgehalten werden.

Schließlich gehört das Piemont auch zu den Zentren der oberitalienischen Textilindustrie, wo man in **Factory Outlets** günstig einkaufen kann, z. B. in Biella am Fuß der Voralpen – die Schilder »Punto vendita diretto« weisen den Weg. An der Riviera ist Albissola seit langem bekannt für seine kunstfertige **Keramik**, wenn auch heute eher für den Massenmarkt produziert wird.

Essen und Trinken

Küche des Piemont
Sie gehört zu den besten und abwechslungsreichsten Küchen in Italien, die lange aristokratische Tradition der Savoyen-Herrscher hat ihre Spuren hinterlassen, dazu kommen die verfeinernden Einflüsse der französischen Nachbarn. Die Zahl der Spitzenrestaurants ist im Piemont besonders hoch, großer Wert wird überall auf die Verwendung frischer lokaler Produkte gelegt.

Während in Ligurien fast ausschließlich Olivenöl zum Kochen verwendet wird, ist Piemont ein Butterland. Hier liegen aber auch die größten Reisfelder Italiens, deshalb wird *risotto* in diversen Variationen neben der bekannten *polenta* überall angeboten. Die handgeschnittenen Bandnudeln namens *tajarin* werden mit weißem Trüffel bestreut und sind die piemontesische Variante der *tagliatelle*, beliebt sind aber auch *agnolotti*, mit Fleisch oder Gemüse gefüllte Teigtaschen.

Von den Fleischgerichten ist die *finanziera* berühmt, ein Ragout, das hauptsächlich aus Innereien besteht – es heißt, dass die Bauern damit die Finanzbeamten bestachen, um nicht den Marktzoll bezahlen zu müssen.

Ein wahres piemontesisches Festmahl ist *brasato al Barolo*, ein in Barolo-Wein geschmorter Rinderbraten. *Bollito misto* sind hingegen verschiedene Fleischsorten wie Rind, Huhn und Kalb, die zusammen mit Gemüse geschmort werden.

Als Antipasto ist *carne cruda* populär, eine Art Kalbstatar aus rohem Fleisch, das mit Olivenöl, weißem Pfeffer und Zitronensaft angemacht wird. Ebenfalls als Antipasto wird *bagna caôda* gereicht, rohe und gekochte Gemüse, die in eine Sardellen-Knoblauch-Soße getunkt werden. Wegen der empfindlichen Aristokratenmägen wurden im 17. Jahrhundert im Piemont die kleinen Brotstangen namens *grissini* erfunden, die mittlerweile in ganz Italien verbreitet sind.

Bekannteste und teuerste Spezialität des Piemont sind jedoch die begehrten weißen Trüffel *tartufi bianchi*. Diese Pilze wachsen unterirdisch im Wurzelgeflecht von Bäumen und werden gerieben oder geschnitten als Geschmacksanreger für viele Gerichte verwendet.

Ligurische Küche in Levanto

Last, but not least ist Turin der Geburtsort der italienischen **Confiserie** mit handgefertigten edlen Trüffel- und Pralinenspezialitäten, z. B. den gefüllten *Gianduiotti*-Pralinen und den kleinen Pasteten namens *Gianduja* aus Kakaobutter, Mandeln und gerösteten Haselnüssen. Die *Pasta Gianduja* wurde in den 1940er Jahren vom Konditor Pietro Ferrero aus Alba erfunden, er legte damit den Grundstein für den heutigen Ferrero-Konzern.

Ligurische Küche

Sie ist stärker mediterran geprägt. Auf den grünen Hängen des Apennin gedeihen Oliven, Majoran, Rosmarin, Salbei und Basilikum, die bei allen Gerichten eine wichtige Rolle spielen. Die Krönung aller ligurischen Pastagerichte ist natürlich die kalt gerührte, leuchtend grüne Basilikumsoße *pesto alla genovese* mit Knoblauch, Pinienkernen, Käse (Parmesan und Pecorino) und Olivenöl. Die bekannten Ravioli wurden von genuesischen Seeleuten erfunden (sie füllten auf hoher See Teigtaschen mit den Resten aus der Vorratskammer), gerne serviert werden aber auch die schmalen eckigen Bandnudeln namens *trenette*. Eine Art ligurische Spätzle sind die mit Kartoffelbrei gefüllten *troffie*. Die *cima ripiena alla genovese* ist Kalbsbrust, gefüllt mit Kalbfleisch, Erbsen, Pinienkernen, gekochten Eiern und Parmesan.

Zu den ureigensten Rivieraspezialitäten gehören schließlich die *torta pasqualina*, eine salzige, aus mehreren Schichten bestehende Pastete aus Gemüse und Eiern, die *focaccia,* eine Art Fladenbrot aus Hefeteig, belegt mit Kartoffeln, Tomaten und Zwiebeln oder einfach mit Salz und Olivenöl bestrichen, und die *farinata*, eine Art wagenradgroße Pizza aus Kichererbsenmehl, Olivenöl, Salz und Wasser.

Die bei Restaurantempfehlungen angegebenen **Preiskategorien** beziehen sich auf den durchschnittlichen Preis für ein Hauptgericht ohne Getränke.

€ – untere Preislage (bis 15 Euro)
€€ – mittlere Preislage (15 bis 25 Euro)
€€€ – gehobene Preislage (über 25 Euro)

In den meisten italienischen Restaurants wird ***pane e coperto*** berechnet. Das heißt, dass bei jeder Mahlzeit pro Person zwischen € 1,50 und € 3 für Brot und Gedeck aufgeschlagen werden. *Servizio* (Bedienung) ist meist im Preis inbegriffen – Ausnahmen bilden allerdings gehobene Restaurants,

Herbstliche Weinlandschaft in den Langhe

in denen dieser Posten oft mit 10–15 % vom Rechnungsbetrag zu Buche schlägt.

Die Weine des Piemont
Das Piemont ist neben der Toskana und dem Friaul die führende Weinbauregion Italiens. Die besten Weine, fast alle mit DOC- oder DOCG-Prädikat, stammen aus den Anbaugebieten Monferrato, Roero und Langhe um Asti und Alba südlich von Turin. Aus der alteingesessenen Nebbiolo-Rebe, die schon seit dem 15. Jahrhundert bekannt ist, werden die hochklassigen Rotweine **Barolo** und **Barbaresco** gekeltert. Daneben gibt es noch den einfachen und etwas süffigeren **Barbera**, von dem auch exzellente, im Barrique (Eichenfass) ausgebaute Varianten produziert werden (z. B. der hochwertige Barbera d'Asti), den fruchtig-frischen **Dolcetto** und den leichten, trockenen **Nebbiolo**. Dazu kommen die bekannten süßen Schaumweine **Asti Spumante** und **Moscato d'Asti**.

Speziell der Barolo DOCG gehört zu den berühmtesten Weinen Italiens, er stammt ausschließlich aus Lagen um La Morra, Barolo, Castglione Falletto und Serralunga d'Alba (südlich von Alba). Verkosten und erwerben kann man die Piemont-Weine in den regionalen Önotheken von Monferrato und Langhe.
Turin ist neben Milano auch Zentrum der italienischen Aperitif-Produktion, die berühmten Wermuth-Weine **Cinzano** und **Martini** haben hier ihren Ursprung.

Die ligurischen Weine sind im Allgemeinen keine hochklassigen Tropfen, hier ist es das Olivenöl, das vielfach prämiert wurde. Zu den bekanntesten Weinen gehören der Süßwein **Sciacchetrà** aus der Cinque Terre und der Rotwein **Rossese di Dolceacqua**, der als erster ligurischer Weine ein DOC-Prädikat erhielt.

Frischer Fisch vom Genueser Fischmarkt

Feiertage, Feste

Gesetzliche Feiertage:
1. Januar: *Capodanno* (Neujahrstag)
6. Januar: *Epifania/La Befana* (Dreikönigstag)
Ostersonntag/Ostermontag: *Domenica di Pasqua/Lunedi dell'Angelo*
25. April: *Festa della Liberazione* (Tag der Befreiung vom Faschismus)
1. Mai: *Festa dei Lavoro* (Tag der Arbeit)
2. Juni: *Festa della Repubblica* (Tag der Gründung der Republik)
29. Juni: *La Solennità dei Santi Pietro e Paolo* (Peter und Paul)
15. August: *Assunzione di Maria Vergine/Ferragosto* (Mariä Himmelfahrt)
1. November: *Ognissanti* (Allerheiligen)
8. Dezember: *Immacolata* (Mariä Empfängnis)
25. Dezember: *Natale* (Weihnachten)
26. Dezember: *Santo Stefano* (Tag des heiligen Stephanus)

Feste:
Am besten besorgt man sich vor Ort einen aktuellen Veranstaltungskalender, denn während der Saison wird eigentlich immer irgendwo etwas geboten: am Meer Regatten und Fischfeste (z. B. *Sagra del Pesce* in Camogli), im Piemont Wein- und Trüffelfeste, historische Pferderennen *(Palio d'Asti)* und traditionelle Stadt-

feste. Dazu gibt es überall Festivitäten zu Ehren der örtlichen Schutzheiligen, Volksfeste, Jahrmärkte etc.

Geld, Kreditkarten

Auch Italien ist Euro-Land, damit entfällt das lästige Geldwechseln. Geldautomaten sind flächendeckend vorhanden, mit Bankkarte und Geheimnummer kann man rund um die Uhr problemlos täglich bis zu € 250 erhalten, zum Teil auch mehr. Dabei muss man jedoch auf die Aufkleber achten, denn nicht alle Automaten akzeptieren alle Karten. Eine Abhebung kostet in der Regel € 4,50. Die Bedienungshinweise sind auch in Deutsch vorhanden.

Die gängigen Kreditkarten werden weithin akzeptiert. Falls die EC- oder Kreditkarte verloren geht, sollte man diese umgehend sperren lassen. Dafür unbedingt vor der Reise die Kartennummern notieren. Viele Karten können über den Notruf +49 116 116 gesperrt werden. Informieren Sie sich vor der Reise, ob der eigene Kartenherausgeber teilnimmt.

Hinweise für Menschen mit Handicap

Barrierefreie Einrichtungen findet man an der Riviera und im Piemont nur sporadisch. Der Bundesverband Selbsthilfe Körperbehinderter e. V. bietet u. a. auf seiner Homepage www.bsk-ev.org Tipps und Adressen.

Internet

Nützliche Seiten im Netz:

Piemont
www.piemonteitalia.eu
www.regione.piemonte.it
www.piemonteweb.it
www.turismotorino.org
www.turismodoc.it
www.langhe.it

Ligurien
www.turismoinliguria.it
www.cinqueterre.it
www.5terre.com
www.parconazionale5terre.it

Viele Unterkünfte, aber auch Restaurants, Cafés und Bars bieten kostenfreies WLAN (Passwort erfragen), die Übertragungsqualität schwankt allerdings und oft ist der Zugang nur in bestimmten Zonen oder Räumen des Gebäudes möglich (z. B. Hotellobby).

Klima, Kleidung, Reisezeit

Das Klima der Riviera ist ganzjährig mild, daher war sie schon im 19. Jahrhundert ein bevorzugtes Reisegebiet des Adels, vermögender Großbürger und Künstler, einer der berühmtesten war der legendäre Lord Byron. Tatsächlich sind die Gegebenheiten nahezu ideal, denn die steilen und dicht bewaldeten Berge des Apennins schirmen die Küste nach Norden hin ab. Im Winter fällt das Thermometer demzufolge nur selten unter 0 Grad.

Der **Frühling** setzt früh ein – die ersten Blüten öffnen sich schon im Februar – und zeigt sich in seiner subtropisch anmutenden Pflanzenpracht überwältigend schön. Zu Ostern beginnt die Reisesaison, Badetemperaturen werden jedoch erst im Frühsommer erreicht. Der warme Mai ist ideal für Aktivurlauber, Kultur- und Landschaftsreisende, ebenso die erste Junihälfte. Dann kommt die heiße Zeit und mit ihr die Badesaison. Im **August** sind die Badeorte an der kleinräumig strukturierten Riviera überfüllt, Staus auf den Uferstraßen sind dann die Regel. Im **Sep-**

Alljährlich in farbenprächtigen mittelalterlichen Gewändern: Der Palio d'Asti findet im September statt

tember wird es wieder ruhig und beschaulich.

Der **Oktober** ist eine hervorragende Reisezeit für die Weingebiete des Piemont, die Trauben sind reif, was vielerorts mit Festen gefeiert wird, zudem werden dann die berühmten und sündhaft teuren Trüffelpilze geerntet, in Alba findet dazu eine große Verkaufsmesse statt.

Medizinische Versorgung

Mit der European Health Insurance Card (EHIC), die bei der eigenen (gesetzlichen) Krankenkasse erhältlich ist (meist die Rückseite der üblichen Versichertenkarte), wird man in Krankenhäusern kostenfrei behandelt. In allen italienischen Urlaubsgebieten gibt es während der Saison in fast jedem Ort eine **Guardia medica turistica**, in der angehende Ärzte Erste Hilfe leisten. Die Behandlung kostet nur eine relativ geringe Gebühr von € 15–20 (Hausbesuch ca. € 26–30, Rezept ca. € 6–8).

Niedergelassene Ärzte müssen meist bar bezahlt werden. Erfahrungsgemäß fallen die ärztlichen Honorare in Urlaubsgebieten hoch aus, doch gegen eine ordnungsgemäße Quittung *(ricevuta)* werden die Ausgaben von der Krankenkasse ganz oder anteilig zurückerstattet. Falls Ihnen ein Rezept ausgestellt wurde, werden auch die Apothekenkosten vergütet. In **Apotheken** *(farmacia)* sind viele Medikamente rezeptfrei erhältlich.

Der Abschluss einer zusätzlichen **Auslandskrankenversicherung** ist anzuraten, die Kosten sind nicht hoch (unter € 10) und darin ist auch ein Rücktransport nach Hause (auch Überführung) enthalten, den die gesetzlichen Krankenkassen nicht übernehmen.

Mit Kindern in Ligurien und Piemont

Italiener lieben Kinder, deshalb sind sie in der Regel überall willkommen. Die Riviera bietet den jungen Familienmitgliedern vieles, für das Piemont trifft das nicht so zu. Dort gibt es höchstens in **Turin** genug Abwechslung und Interessantes, z. B. Schiffsausflüge auf dem Po oder eine Fahrt mit dem Panoramaaufzug auf die Mole Antoniella.

In **Genua** ist es vor allem der neu konzipierte Hafenbereich, wo jede Menge Sensationen auf die Kids warten: das riesige Aquarium, das Piratenschiff Galeone Neptune, der Erlebnispark La Città dei Bambini, der tolle, krakenähnliche Bigo und vieles mehr.

An den Stränden der **Riviera** sollte man sich auf jeden Fall mit Sonnenschirmen versorgen, denn natürlicher Schatten ist Mangelware. Vor allem die Riviera di Ponente westlich von Genua ist mit ihren langen Sandstränden sehr kinderfreundlich. Auch im Westen kann man vielerorts Tretboote und Kanus mieten und Ausflüge per Schiff machen, z. B. von Camogli zur Abtei San Fruttuoso, oder im Hinterland mehrere Tropfsteinhöhlen besuchen.

Nachtleben

Die großen Discos liegen meist außerhalb der Stadtzentren, der Eintritt kostet in der Regel mindestens € 15–20 (inklusive Drink), in den heißen Sommermonaten sind aber die meisten von ihnen geschlossen. An der Riviera werden abends hier und dort Strandbäder, sogenannte *bagni*, zu Tanzlokalen umfunktioniert.

Das Zentrum nächtlicher Vergnügungen im Nordosten Italiens ist aber ohne Zweifel die piemontesische Hauptstadt Turin. In den Uferkais am Po (Murazzi del Po) liegen Dutzende von Discos, Clubs, Bars und Kneipen eng beieinander, Tausende von Turinern und Touristen kommen hier allabendlich zusammen.

Ligurien bietet jungen Familienmitgliedern viel

Notfälle, wichtige Rufnummern

Allgemeiner Notruf *(pronto soccorso)* ✆ 118 oder 113 (Schweiz ✆ 144)
Polizei *(polizia)* ✆ 112 (Schweiz ✆ 117)
Feuerwehr *(vigili del fuoco)* ✆ 115 (Schweiz ✆ 118)
Pannendienst *(soccorso stradale)* des italienischen Automobilclubs ACI (www.aci.it) ✆ 803-116, vom Handy ✆ 800-11 68 00
Deutschsprachiger Notrufdienst des ADAC in Monza ✆039 210 41

Öffnungszeiten

Banken sind im Allgemeinen Mo–Fr 8.30–13.20 Uhr geöffnet, **Postämter** Mo–Fr 8.15–14, Sa 8.15–13 Uhr, **Apotheken** Mo–Sa 8.30–13 und 16.15–19.45 Uhr. Regional können diese Zeiten leicht schwanken.

Geschäfte öffnen etwa Mo–Sa 8/8.30–12.30/13 und 16/17–19.30/20 Uhr. Vor allem Souvenirläden und andere Geschäfte mit touristischem Bedarf schließen aber in der Saison selten vor 22 Uhr und haben oft auch sonntags geöffnet.

Die Öffnungszeiten von **Kirchen** und **Museen** finden Sie unter den jeweiligen Vista Points. Sie ändern sich häufig, erkundigen Sie sich deshalb noch einmal vor Ort. Man kann davon ausgehen, dass Kirchen in der Regel 7–12 und 16–19 Uhr offen sind. Museen haben meist montags Ruhetag. Generell ist die Siesta tonangebend, sodass zwischen 13 und 16 Uhr sehr vieles geschlossen ist, dafür wird abends länger aufgemacht.

Post

Seit Briefe und Postkarten ins Ausland grundsätzlich mit *Posta Prioritaria* versendet werden, benötigen sie nur noch drei Tage. Diese Versandform kostet ca. € 1, in Länder außerhalb Europas ca. € 2–2,50.

Francobolli (Briefmarken) bekommt man nicht nur bei der Post, sondern auch in Tabacchi-Läden und Souvenirshops.

Presse

Die großen Tageszeitungen und Illustrierten aus Deutschland, Österreich und der Schweiz sind in den meisten Riviera-Orten ohne Zeitverzögerungen erhältlich, im Piemont aber nur in wenigen, stark touristisch frequentierten Orten. Es gibt Dutzende von regionalen Rundfunksendern und Fernsehstationen, deutsche Satellitenprogramme kann man in vielen Hotels empfangen.

Rauchen

Seit 2005 gilt in allen Gastronomiebetrieben Italiens strenges Rauchverbot. Lediglich in abgeschlossenen Räumen mit separater Lüftung dürfen Raucher noch ihrem Genuss nachgehen, doch die gibt es kaum. Bei Missachtung ist mit Bußgeldern von über 200 Euro zu rechnen. Das Mindestalter für den Tabakverkauf beträgt wie in Deutschland 16 Jahre.

Sicherheit

Besondere Vorsicht ist bei der An- und Abreise auf Autobahnrastplätzen geboten. Lassen Sie nichts Wertvolles im Auto und öffnen Sie stets das Handschuhfach, um zu demonstrieren, dass es nichts zu holen gibt. Deponieren Sie ihre Wertsachen immer im Safe Ihres Hotels und tragen Sie in größeren Menschenansammlungen ihre Geldbörse nicht ungeschützt in der Gesäßtasche. Besonders in Genua sollte man stets ein Auge auf seine Sachen haben.

Sport und Erholung

Windsurfen, **Segeln** und **Paragliden** wird in vielen Rivieraorten angeboten, auch **Kajak-** und **Schlauchbootfahren** ist beliebt, denn so lassen sich abgelegene Buchten anfahren, die auf dem Landweg nicht zu erreichen sind. Das bergige Hinterland der Riviera ist bei **Kletterern** und **Mountainbikern** beliebt, vor allem die Kletterfelsen bei Finale Ligure sind Sportkletterern ein Begriff.

Wanderer finden ihr Dorado vor allem an der Cinque Terre. In diesem steilen, mit Weinplantagen überzogenen Küstenstreifen kann man auf einem gut ausgeschilderten Weg von Ort zu Ort wandern, allerdings mittlerweile in Begleitung von zahllosen weiteren Wanderern aus aller Welt. Ziemlich allein ist man dagegen auf den gut markierten Wegen in den Weinbergen des Piemont. Ebenfalls im Piemont kann man sich auf über zwanzig **Golfplätzen** sportlich betätigen, vor allem in der Provinz Turin, aber auch bei Cherasco und Gavi im Weinbaugebiet.

So mancher Urlauber möchte am Meer sicher auch gerne seine **Angel** auswerfen, doch dafür muss ein Angelschein beantragt werden, Auskünfte erteilen die Fremdenverkehrsämter. Bekannte **Skisportgebiete** liegen in den piemontesischen Westalpen um Bardonéccia und Sestriere, dort wurden 2006 sogar die XX. Olympischen Winterspiele ausgetragen.

Strom

Die Stromspannung beträgt landeseinheitlich 220 oder 230 Volt. Oft passen in die Steckdosen nur Flachstecker oder Stecker mit dünnen Kontaktstiften, sodass man zur Sicherheit einen Adapter *(spina di adattamento)* mitnehmen sollte, den man aber auch im Elektrogeschäft kaufen bzw. im Hotel ausleihen kann.

Telefonieren

Öffentliche Telefone findet man überall, fast alle funktionieren mit magnetischen **Telefonkarten** *(scheda telefonica)* der Telecom, erhältlich für € 5 oder 10 in Tabak- *(tabacchi)* und Zeitschriftenläden. Vor dem Gebrauch muss die perforierte rechte Ecke abgebrochen werden. Als Alternative dazu gibt es **internationale Telefonkarten** *(scheda telefonica internazionale)*, die etwa € 10 kosten. Damit telefoniert man deutlicher günstiger als mit den normalen Telefonkarten. Man führt sie jedoch nicht ins Telefon ein, sondern wählt eine kostenlose *numero verde*, die auf der Karte vermerkt ist. Danach gibt man die Geheimnummer ein, die ebenfalls auf der Karte vermerkt ist und kann erst dann die Teilnehmernummer wählen.

Wichtig: Die **Ortskennzahl inklusive der Null** muss auch innerhalb der Orte und nach Italien immer mitgewählt werden. Wenn Sie aus Italien ins Ausland telefonieren, entfällt dagegen die Null der Ortsvorwahl. **Handys** *(cellulare)* wählen sich jeweils ins stärkste der vier italienischen Handynetze ein. Die Europäische Union hat die Roaming-Gebühren in den letzten Jahren stark reduziert, Anruf- und SMS-Gebühren sind deswegen stark gesunken. Informationen unter: www.teletarif.de/reise.

Wenn Sie eine italienische **Mobiltelefonnummer** anwählen, müssen sie die anfängliche 0 weglassen.

Vorwahl Italien ✆ +39, Vorwahl Deutschland ✆ +49, Vorwahl Schweiz ✆ +41, Vorwahl Österreich ✆ +43.

Trinkgeld

Im Restaurant wird die Rechnung diskret verdeckt auf einem Tellerchen gereicht. Man legt sein Geld darauf und erhält das genaue Wechselgeld zurück. Falls man zufrieden war, lässt man beim Gehen etwas liegen. Denken Sie aber daran, dass der Posten »Servizio« (Bedienung) in vielen Restaurantrechnungen schon enthalten ist.

Unterkunft

Die Riviera ist eine der ältesten Urlaubsregionen Italiens. Das hat Vor- und Nachteile, denn man findet zwar Hotels und Pensionen in Mengen, doch nicht selten sind sie wenig renoviert und auf vergleichsweise altmodischen Stand. Natürlich gibt es auch die gehobene Hotellerie mit schicken Grandhotels und gepflegten historischen Villen aus dem 19. Jahrhundert – ebenso einfache Ferienwohnungen in den engen alten Häusern der früheren Fischerorte.

Im Piemont sind es vor allem die Agriturismo-Angebote, die positiv hervorstechen, so findet man dort viele liebevoll gestaltete Landsitze mit gut ausgestatteten Ferienwohnungen. In den Weinbaugebieten des Piemont bieten zahlreiche edle Landhotels mit gehobenen Restaurants stilvolle Unterkunftsmöglichkeiten. Campingplätze gibt es im Piemont naturgemäß kaum, an der Riviera dagegen in Mengen, im Gegensatz zur flachen Adria sind sie oft klein und gedrängt angelegt, im Sommer kommt es schnell zu Platzproblemen. Jugendherbergen existieren in Turin, Genua, Finale Ligure, Levanto und Manarola (Cinque Terre).

Die Preise sind je nach Saison sehr unterschiedlich. Während man im frühen Frühling oder späten Herbst so manches Schnäppchen machen kann, ziehen die Preise im Hochsommer stark an. In manchen Hotels ist dann Halbpension obligatorisch, oft wird ein Mindestaufenthalt von drei Tagen verlangt. Für die Monate Juli und August ist eine frühzeitige Reservierung ratsam. Das Frühstück fällt wie im gesamten Süden oft karg aus, wobei die großen Hotels in der Regel schon zufriedenstellende Buffets anbieten.

Verkehrsmittel

Busverkehr

An der Riviera ist das öffentliche Linienbusnetz relativ gut ausgebaut. Im ein- bis zweistündigen Rhythmus fahren die Busse verschiedener Gesellschaften tagsüber von etwa 6.30 bis 20 Uhr alle wichtigen Orte an, auch die kleinen Dörfer im Bergland sind mit der Küste verbunden. Die Busstationen liegen oft in der Nähe der Bahnhöfe, im Piemont häufig etwas außerhalb der Ortszentren. Die Tickets können vor Fahrtantritt im nächsten Zeitschriften- oder Tabakgeschäft erworben werden, meist kenntlich am Aushang »biglietti«, im Bus selber zahlt man einen kleinen Aufpreis. Fahrpläne erhält man zum Teil in den touristischen Informationsbüros. Die Busgesellschaften sind sehr zahlreich, z. B. AMT (www.amt.genova.it), ATP (www.atpesercizio.it), ATC (www.atclaspezia.it), Riviera Trasporti (www.rivieratrasporti.it), TPL (www.tpllinea.it).

Portofino-Impression

Eisenbahn

Die staatliche Eisenbahn FS (www.fsitaliane.it, www.trenitalia.com) spielt an der Riviera eine wichtige Rolle, denn wegen des bergigen Terrains und der häufigen Staus auf der Küstenstraße kommt man auf der Schiene oft rascher voran. Die Bahn hält in so gut wie jedem Küstenort und bietet sich so für Tagesausflüge vom Urlaubsquartier aus an. Besonders die **Cinque Terre** sollte man ausschließlich mit der Bahn besuchen, man erspart sich erhebliche Parkprobleme und die Anfahrtszeiten sind deutlich kürzer.

Zeitzone

Italien liegt in der Mitteleuropäischen Zeitzone.

Zoll

Innerhalb der EU dürfen Waren zum eigenen Verbrauch unbegrenzt ein- und ausgeführt werden. Überschreitet man allerdings die im sogenannte Richtmengenkatalog festgesetzten Mengen, muss man im Fall einer Stichprobenkontrolle glaubhaft machen, dass diese Mengen nur für den persönlichen Gebrauch bestimmt sind. Für Wein existiert keine Begrenzung. ■

Die wichtigsten Wörter für unterwegs

Buon giorno! Wer kennt diese Begrüßung nicht? Sie wird in Italien bis 12 Uhr mittags verwendet, danach sagt man schon *buona sera*. Beides sind sehr höfliche Ausdrücke, sie werden überall da benutzt, wo gesiezt wird. *Ciao* ist Begrüßung ebenso wie Verabschiedung, wird aber nur verwendet, wenn man sich nahe steht.

Wenn Sie ein öffentliches Lokal oder Büro verlassen, sagen Sie besser *arrivederci* oder *buon giorno* bzw. *buona sera*. *Buona notte* sagt man dann, wenn man sich verabschiedet, um ins Bett zu gehen.

Die Italiener sind in der Regel sehr hilfsbereit, freuen sich über ausländische Besucher und fragen neugierig nach deren Herkunft und dem Grund des Besuches.

Keine Panik, wenn Sie befürchten, zwar eine Frage stellen zu können, die Antwort aber nicht verstehen – Italiener haben eine sehr ausgeprägte Körpersprache. Im Übrigen wissen Sie ja: *Sì* heißt ja, *no* nein. Und vergessen Sie nicht, sich zu bedanken – *grazie!*

Alltag, Umgangsformen

Buon giorno!	Guten Tag!
Buona sera!	Guten Abend!
Buona notte!	Gute Nacht!
Ciao!	Hallo!
Come stai?	Wie geht es dir?
Come sta?	Wie geht es Ihnen?
Arrivederci!	Auf Wiedersehen!
Buon viaggio!	Gute Reise!
Ciao!	Tschüss!
A presto!	Bis bald!
A domani!	Bis morgen!
Molto piacere di averti conosciuto.	Schön, dich kennengelernt zu haben.
sì/ no/ forse	ja/nein/vielleicht
Mi chiamo …	Ich heiße …
Come ti chiami?	Wie heißt du?
Come si chiama?	Wie heißen Sie?
Scusi!	Entschuldigen Sie!
Grazie mille!	Vielen Dank!
Prego!	Bitte schön!/-Keine Ursache!

Übrigens: In Italien gibt es zwei Ausdrücke für »bitte«: *per favore* und *prego*. Bitten Sie jemanden um eine Gefälligkeit, verwenden Sie *per favore*. Ansonsten heißt es *prego*.

Falls Sie nicht alles verstehen (zugegeben: die Italiener sprechen ganz schön schnell), können Sie sagen: *Non ho capito. Per favore, parli più lentamente.*

Wenn auch das nichts hilft, bleibt noch die Möglichkeit, sich das Gesagte aufschreiben zu lassen: *Me lo scriva, per favore.*

Autofahren

Sollten Sie mit dem Auto unterwegs sein, können Sie die folgenden Vokabeln sicher gut gebrauchen, an jeder Tankstelle und im alltäglichen Straßenverkehr. Und falls Sie mal eine Werkstatt nötig haben …

Was auf Straßenschildern steht

lavori in corso	Bauarbeiten
deviazione	Umleitung
pedaggio autostradale	Autobahngebühr
strada senza uscita	Sackgasse
senso unico	Einbahnstraße
il divieto di parcheggio	Parkverbot
zona disco	Parken mit Parkscheibe
attenzione uscita veicoli	Vorsicht Ausfahrt
tornante	Kurve

Rund ums Auto

La mia macchina è stata forzata.	Mein Auto ist aufgebrochen worden.
Mi hanno rubato …	Man hat mir … gestohlen.
Mi dia il Suo nome e il Suo indirizzo/ il nome	Geben Sie mir bitte Ihren Namen und Ihre An-

della Sua assicurazione, per favore.	schrift/Ihre Versicherung an.
Mi occorre una copia della denuncia per la mia assicurazione.	Ich brauche eine Kopie der Anzeige für meine Versicherung.
Non è colpa mia.	Es ist nicht meine Schuld.
Lei andava troppo forte.	Sie sind zu schnell gefahren.
la patente	Führerschein
I Suoi documenti, per favore.	Ihre Papiere, bitte.
Lei non ha rispettato la precedenza.	Sie haben die Vorfahrt nicht beachtet.
Lei non ha mantenuto la distanza di sicurezza.	Sie sind zu dicht aufgefahren.
Andavo a … chilometri all'ora.	Ich bin ... km/h gefahren.
l'autostrada	Autobahn
l'incrocio	Kreuzung
il semaforo	Ampel
il parcheggio	Parkplatz
il parchimetro	Parkuhr
il distributore automatico di biglietti per il parcheggio	Parkscheinautomat
Posso parcheggiare qui?	Kann ich hier parken?
la cintura di sicurezza	Sicherheitsgurt
il distributore	Tankstelle
la benzina	Benzin
senza piombo	bleifrei
il gasolio	Diesel
Il pieno, per favore.	Volltanken, bitte.
Per favore, controlli la pressione delle gomme.	Prüfen Sie bitte den Reifendruck.
andare	fahren
sorpassare	überholen
voltare	wenden
a destra/a sinistra/sempre diritto	rechts/links/geradeaus
attraversare	überqueren
l'ammenda	Bußgeld
la pianta della città	Stadtplan
la sicurezza	Sicherheit
l'ingorgo	Stau

In officina	**In der Werkstatt**
Ho avuto un incidente.	Ich habe einen Unfall gehabt.
Ho un guasto.	Ich habe eine Panne.
Ho una gomma a terra.	Ich habe einen Platten.
La macchina non parte.	Mein Wagen springt nicht an.
La batteria è scarica.	Die Batterie ist leer.
I freni non sono a posto.	Die Bremsen funktionieren nicht.
l'officina	Werkstatt
l'olio del motore	Motoröl
il cambio dell'olio	Ölwechsel
il motore	Motor
il cambio	Getriebe
la candela	Zündkerze
il parafango	Kotflügel
il carburatore	Vergaser
la freccia	Blinker
la ruota	Reifen
il motorino d'avviamento	Anlasser
il tergicristallo	Scheibenwischer
il parabrezza	Windschutzscheibe
il faro	Scheinwerfer
il radiatore	Kühler

Einkaufen

Quanto costa?	Wieviel kostet das?
i soldi	Geld
la cassa	Kasse
spendere	ausgeben
pagare	bezahlen
l'offerta speciale	Sonderangebot
vendere	verkaufen
la vetrina	Schaufenster
Un po' di meno, per favore.	Etwas weniger, bitte.
Un po' di più, per favore.	Etwas mehr, bitte.
più piccolo/più grande	kleiner/größer
Dove posso trovare …?	Wo bekomme ich …?
Vorrei …	Ich hätte gerne …
Per favore, mi dia un pacco di …	Geben Sie mir bitte eine Packung …
Per favore, mi faccia vedere …	Zeigen Sie mir bitte …
Dica, prego!	Bitte schön! (Sie wünschen?)
Posso aiutarLa?	Kann ich Ihnen helfen?
Lo posso provare?	Kann ich das anprobieren?
Accetta carte di credito?	Nehmen Sie Kreditkarten?
Vorrei qualcosa di meno caro.	Ich hätte gerne etwas Billigeres.
troppo caro	zu teuer
Ho la taglia …	Ich habe Größe …
Ha anche la taglia …?	Haben Sie das auch in Größe …?
È troppo grande/	Das ist zu

piccolo.	groß/klein.
la svendita	Ausverkauf
la camicia	Hemd
i pantaloni	Hose
il cappotto	Mantel
la gonna	Rock
il vestito	Kleid
il collant	Strumpfhose
le calze	Strümpfe
il blazer	Blazer
la giacca	Jacke
il foulard	Halstuch

Colori	**Farben**
scuro	dunkel
chiaro	hell
blu	blau
marrone	braun
giallo	gelb
rosso	rot
verde	grün
nero	schwarz
bianco	weiß
grigio	grau

Essen und Trinken

Wo bekommt man's

la panetteria	Bäckerei
la pasticceria	Konditorei
la macelleria	Fleischerei
il negozio	Geschäft
il mercato	Markt
l'alimentari	Lebensmittelgeschäft
il supermercato	Supermarkt

Al ristorante	**Im Restaurant**
Scusi, c'è un buon ristorante?	Wo gibt es hier ein gutes Restaurant?
Un tavolo per … persone, per favore.	Einen Tisch für … Personen, bitte.
È libero questo tavolo?	Ist dieser Tisch noch frei?
Dov'è il bagno, per favore?	Wo sind bitte die Toiletten?
Per di qui, prego.	Hier entlang, bitte.
Cameriere, il menu, per favore.	Herr Ober/Bedienung, die Speisekarte, bitte.
la lista delle bevande	Getränkekarte
la lista dei vini	Weinkarte
Che cosa mi consiglia?	Was können Sie mir empfehlen?
Avete piatti vegetariani?	Haben Sie vegetarische Gerichte?
Prendo …	Ich nehme …
Per antipasto/dessert/secondo prendo ...	Als Vorspeise/Nachtisch/Hauptgericht nehme ich ...
Per favore, un bicchiere di …	Bitte ein Glas …
Buon appetito!	Guten Appetit!
Alla salute!	Zum Wohl!
Vorrei una tazza di caffè.	Ich möchte eine Tasse Kaffee.
Il conto, per favore.	Die Rechnung, bitte.
Conti separati, per favore.	Wir möchten getrennt bezahlen.
Tutto un conto, per favore.	Alles zusammen, bitte.
Vorrei la ricevuta.	Ich möchte bitte eine Quittung.
È stato di Vostro gradimento?	Hat es Ihnen geschmeckt?
Grazie, era davvero molto buono.	Danke, sehr gut.
La riporti indietro, per favore.	Bitte nehmen Sie es zurück.
mangiare	essen
bere	trinken
l'acqua minerale	Mineralwasser
naturale	ohne Kohlensäure
gassata	mit Kohlensäure
il vino	Wein
la birra	Bier
il bicchiere	Glas
la bottiglia	Flasche

Pesce	**Fisch**
frutti di mare	Meeresfrüchte
cozze	Miesmuscheln
gamberetti	Garnelen
granchio	Krabbe
calamari	Tintenfische
carpa	Karpfen
sogliola	Seezunge
salmone	Lachs
tonno	Thunfisch
trota	Forelle

Carni	**Fleisch**
gallina	Huhn
pollo	Hähnchen
anatra	Ente
scaloppine	kleine Schnitzel
saltimbocca	Kalbsschnitzel
tacchino	Truthahn
fagiano	Fasan
frattaglie	Innereien
polpette	Fleischklößchen
bistecca	Steak
braciola	Rumpsteak
fegato	Leber
montone	Hammel
vitello	Kalbfleisch
agnello	Lammfleisch

Pasta	**Nudelgerichte**
Pasta al burro	mit Butter
Pasta al pomodoro/sugo	mit Tomatensauce

Pasta all'arrabbiata	mit Tomatensoße und Chili
Pasta al ragù	mit Bolognesesoße
Pasta alla carbonara	mit Ei und Bauchspeck
Pasta alla panna	mit Sahne
Pasta alla vongole	mit Venusmuscheln
penne	kurze Nudeln
tagliatelle	Bandnudeln
vermicelli	Fadennudeln
lasagne	Teigblätter mit Fleischsauce, überbacken

Verdura	**Gemüse**
gli sparagi	Spargel
gli spinaci	Spinat
le carote	Karotten
i fagioli	Bohnen
i piselli	Erbsen
le patate	Kartoffeln
l'insalata	Salat
il pomodoro	Tomate
il cetriolo	Gurke
gli zucchini	Zucchini
il cavolfiore	Blumenkohl
la cipolla	Zwiebel
le verdure crude	Rohkost

Frutta	**Obst**
la mela	Apfel
la pera	Birne
le fragole	Erdbeeren
le ciliege	Kirschen
il melone	Melone
la pesca	Pfirsich
l'albicocca	Aprikose
il pompelmo	Pampelmuse
la banana	Banane
le prugne	Pflaumen
il limone	Zitrone
l'arancia	Apfelsine
l'uva	Weintrauben

Modi di cottura	**Zubereitungsarten**
a vapore	gedämpft
arrosto	gebraten
al forno	gebacken
fritto	fritiert
alla brace	gegrillt
al cartaccio	in der Folie gebacken
gratinato	überbacken

Un mucchio di altre cose	**Was es sonst noch gibt**
il latte	Milch
la panna	Sahne
il formaggio	Käse
lo yogurt	Joghurt
le uova	Eier
il burro	Butter
le spezie	Gewürze
l'aglio	Knoblauch
il sale	Salz
il pepe	Pfeffer
lo zucchero	Zucker
l'aceto	Essig
l'olio	Öl
il miele	Honig
il gelato	Speiseeis

Dal panettiere	**Beim Bäcker**
il pane	Brot
il pane misto di segale e frumento	Graubrot
il pane nero	Schwarzbrot
il pane bianco	Weißbrot
i biscotti	Gebäck
la torta	Torte

Kosmetik, Presse, Öffentliche Verkehrsmittel

Was Sie zur Körperpflege brauchen

lo spazzolino da denti	Zahnbürste
il dentifricio	Zahnpasta
il cotone idrofilo	Watte
la crema da barba	Rasiercreme
le lamette	Rasierklingen
i fazzoletti	Taschentücher
il pettine	Kamm
il rossetto	Lippenstift
la saponetta	Seife
l'asciugacapelli	Haartrockner
l'asciugamano	Handtuch
lo shampoo	Haarwaschmittel

All'edicola	**Im Zeitschriftenladen**
il giornale	Zeitung
la rivista	Zeitschrift
Vorrei un giornale tedesco.	Ich hätte gerne eine deutsche Zeitung.
la carta	Papier
la busta	Briefumschlag
la penna a sfera	Kugelschreiber

Mezzi di trasporto	**Öffentliche Verkehrsmittel**
il treno	Zug
la stazione	Bahnhof
l'autobus	Bus
l'aereo	Flugzeug
l'aeroporto	Flughafen
la nave	Schiff
il porto	Hafen
il traghetto	Fähre
Quando parte il prossimo …?	Wann fährt der nächste …?
… l'ultimo …?	… der letzte…?
un biglietto	Fahrkarte
partenza	Abfahrt
arrivo	Ankunft

uscita	Ausgang
entrata	Eingang
ritardo	Verspätung

Assistenza medica – Medizinische Versorgung

Dal medico	**Beim Arzt**
il medico	Arzt
il dentista	Zahnarzt
Ho mal di gola.	Ich habe Halsschmerzen.
Non mi sento bene.	Ich fühle mich nicht wohl.
Mio marito/mia moglie sta male.	Mein Mann/meine Frau ist krank.
Ho fatto un'indigestione.	Ich habe mir den Magen verdorben.
Sono molto raffreddato/a.	Ich bin stark erkältet.
Sono al ... mese di gravidanza.	Ich bin im ... Monat schwanger.
Ho la pressione alta/bassa.	Ich habe einen hohen/niedrigen Blutdruck.
Ho dei dolori qui.	Hier habe ich Schmerzen.
Non sopporto bene questo clima.	Ich vertrage dieses Klima nicht.
Mi sono ferito/a.	Ich habe mich verletzt.

il braccio	Arm
il malleolo	Knöchel
il cuore	Herz
il dente	Zahn
il ginocchio	Knie
la gamba	Bein
la mano	Hand
il naso	Nase
l'occhio	Auge
l'orecchio	Ohr
la pelle	Haut
il piede	Fuß
la testa	Kopf

la diarrea	Durchfall
il vomito	Erbrechen
la nausea	Brechreiz
la tosse	Husten
il mal di testa	Kopfschmerzen
i disturbi circolatori	Kreislaufstörungen
la lombaggine	Hexenschuss
la scottatura	Sonnenbrand
le vertigini	Schwindel
la pomata	Salbe
la compressa	Tablette
il sonnifero	Schlaftabletten
le gocce	Tropfen
l'analgesico	Schmerzmittel
le bende	Verbandszeug

Wo? Wie? Was? – Orientierung

Wie man nach dem Weg fragt (und die Antwort versteht)

Scusi, dov'è ...?	Entschuldigung, wo ist ...?
Come si arriva a ...?	Wie komme ich nach ...?
Come si arriva nel modo più veloce alla stazione?	Wie komme ich am schnellsten zum Bahnhof?
Sempre diritto.	Geradeaus.
A destra.	Nach rechts.
A sinistra.	Nach links.
È questa la strada per ...?	Ist das die Straße nach ...?

Welche Sehenswürdigkeiten gibt es in der Stadt

il ponte	Brücke
il castello	Schloss
l'anfiteatro	Amphitheater
la fontana	Brunnen
il monumento	Denkmal
il fiume	Fluss
la chiesa	Kirche
il museo	Museum
il municipio	Rathaus
le rovine	Ruine
la cappella	Kapelle
il parco	Park
il palazzo	Palast

Telefonare, Internet – Telefonieren, Internet

Dove posso comprare una carta telefonica?	Wo bekomme ich eine Telefonkarte?
Qual è il prefisso di ...?	Wie ist die Vorwahl von ...?
Non risponde nessuno.	Es meldet sich niemand.
Provi ancora una volta.	Versuchen Sie es noch einmal.

Ha il Wi-Fi?	Haben Sie WLAN?
Non ho campo.	Ich habe kein Signal.

password Wi-Fi	WLAN-Passwort
la stampante	Drucker
l'allegato	Anhang
aggiornare	aktualisieren
scaricare	herunterladen
collegarsi a	sich verbinden mit
la chiocciola	At-Zeichen (@)

La camera – Unterkunft

Mi saprebbe dire dove posso trovare una camera?	Wissen Sie, wo ich hier ein Zimmer finden kann?

Cerco un alloggio.	Ich suche eine Unterkunft.
Quanto costa?	Wieviel kostet es?
Mi può fare una prenotazione?	Können Sie für mich dort reservieren?
È lontano da qui?	Ist es weit von hier?
Come ci si arriva?	Wie kommt man dorthin?
Avete una camera doppia/singola libera?	Haben Sie ein Doppelzimmer/ Einzelzimmer frei?
Posso vedere la camera?	Kann ich das Zimmer ansehen?
Si può aggiungere un lettino per bambini?	Können Sie ein Kinderbett aufstellen?
il lavandino	Waschbecken
con doccia e WC	mit Dusche und WC
il frigorifero	Kühlschrank
Partiamo domattina.	Wir reisen morgen früh ab.
Prepari il conto, per favore.	Machen Sie bitte die Rechnung fertig.
Mi chiama un taxi, per favore?	Können Sie mir bitte ein Taxi rufen?
il campeggio	Campingplatz
la tenda	Zelt

Il tempo	Wetter
Che tempo farà oggi?	Wie wird das Wetter heute?
Ha già sentito le previsioni del tempo?	Haben Sie schon den Wetterbericht gehört?
Fa/Farà caldo.	Es ist/wird warm.
molto caldo	heiß
freddo/fresco	kalt/kühl
C'è afa/tempesta.	Es ist schwül/ stürmisch.
Quanti gradi ci sono?	Wieviel Grad haben wir?
il temporale	Gewitter
il caldo/la pioggia/ il sole	Hitze/Regen/ Sonne
il vento/la nuvola	Wind/Wolke

I numeri	Zahlen
uno	eins
due	zwei
tre	drei
quattro	vier
cinque	fünf
sei	sechs
sette	sieben
otto	acht
nove	neun
dieci	zehn
undici	elf
dodici	zwölf
tredici	dreizehn
quattordici	vierzehn
quindici	fünfzehn
sedici	sechzehn
diciassette	siebzehn
diciotto	achtzehn
diciannove	neunzehn
venti	zwanzig
trenta	dreißig
quaranta	vierzig
cinquanta	fünfzig
sessanta	sechzig
settanta	siebzig
ottanta	achtzig
novanta	neunzig
cento	hundert
mille	tausend
duemila	zweitausend

L'ora/Il calendario	Zeitangaben, Kalender
Che ore sono?	Wie spät ist es?
Sono le …	Es ist …
adesso	im Moment
oggi	heute
ieri/l'altro ieri	gestern/vorgestern
domani/dopodomani	morgen/übermorgen
di mattina/di pomeriggio/di sera	vormittags/nachmittags/abends
giorno	Tag
settimana	Woche
mese	Monat
anno	Jahr
lunedì	Montag
martedì	Dienstag
mercoledì	Mittwoch
giovedì	Donnerstag
venerdì	Freitag
sabato	Samstag
domenica	Sonntag
gennaio	Januar
febbraio	Februar
marzo	März
aprile	April
maggio	Mai
giugno	Juni
luglio	Juli
agosto	August
settembre	September
ottobre	Oktober
novembre	November
dicembre	Dezember

Die **fetten** Seitenzahlen verweisen auf ausführliche Erwähnungen, *kursiv* gesetzte Begriffe bzw. Seitenzahlen beziehen sich auf den Service.

GO VISTA CITY

Reiseführer mit ausfaltbarer

VISTA POINT Verlag GmbH · www.vistapoint.de

& INFO GUIDES

Karte und E-Book inside

NEU 2024

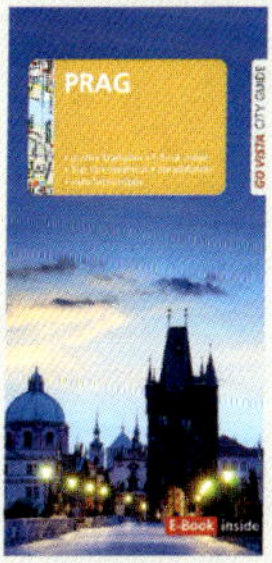

- mit E-Book zum Download
- Top 10
- alle Highlights der Destination
- Vorschläge für eine oder mehrere Stadttouren
- Tipps zu Essen und Trinken, Nightlife, Shopping, Kultur, Sport etc.
- Chronik mit Daten zur Geschichte
- reisepraktische Hinweise
- Sprachführer (in ausgewählten Titeln)
- ausfaltbare Karte
- Format 11 x 21,5 cm
- 96 oder 144 Seiten

E-Book inside

info@vistapoint.de · www.facebook.de/vistapoint

Celentano/laif, Köln: S. 4/5, 27, 32
Eid/laif, Köln: S. 21, 45, 46, 48, 64
Fotolia/Apeschi: S. 42; ArTo: S. 51; Dave CGN: S. 3 o. r., 12, 52; Claudio Colombo: S. 65; Gianfranco Coscarella: S. 39; Crazycolors: S. 70; dp3010: S: 69; Farida: Schmutztitel (S. 1), S. 34; Sergii Figurnyi: S. 17; Rostislav Glinsky: S. 59; Jashin: S. 62; Herbert Ost: S. 73; Gv Ouwerkerk: S. 47; Panoramo: S. 79; Angelika Schönhuber: S. 2 o. r., 31; scabrn: S. 29; IWeide: S. 60
Galli/laif, Köln: S. 53
Heuer/laif, Köln: S. 19, 22, 76
iStockphoto/Marco Cappelli: S. 15; Flory: S. 81; Gabri90: S. 63; Garth11: S. 40; IonutDavid: S. 44 o.; Knape: S. 82; Lumase: S. 26; majaiva: S. 44 u.; Manakin: S. 13; Alberto Masnovo: S. 25; Maudanros: S. 85; Rglinsky: S. 78; xenotar: S. 61
János Kalmár, Wien: S. 2 o. Mitte, 37, 77
Markus Kirchgeßner, Frankfurt/M.: S. 2 o. l., 3 o. Mitte, 11, 28, 41, 50, 66, 71
Standl/laif, Köln: S. 49
mauritius images/Universal Images Group North America LLC/DeAgostini /Alamy: S. 43
VISTA POINT Verlag (Archiv), Potsdam: S. 6, 7 o., 7 u., 8, 9, 20, 23, 57, 72 o., 72 u.
Wikipedia: S. 54
www.pixelio.de: S. 3 o. l., 33, 35, 36, 38

Schmutztitel (S. 1): Die üblichen »Hochhäuser« in der Cinque Terre – Riomaggiore
Seite 2/3 (v. l. n. r.): Camogli; Manarola; Portofino; Monterosso al Mare; Hirte an der ligurischen Riviera; Spielkasino von San Remo

Reihenkonzeption: Andreas Schulz & VISTA POINT-Team
Bildredaktion: Andrea Herfurth-Schindler, Eszter Kalmár
Layout: Kerstin Hülsebusch-Pfau
Reproduktionen: Henning Rohm, Köln; Noch & Noch, Datteln
Kartographie: Huber Kartographie GmbH
Gesamtherstellung: VISTA POINT Verlag GmbH, Rheinbreitbach

ISBN 978-3-96141-740-7

An unsere Leserinnen und Leser!
Die Informationen dieses Buches wurden gewissenhaft recherchiert und von der Verlagsredaktion sorgfältig überprüft. Nichtsdestoweniger sind inhaltliche Fehler nicht immer zu vermeiden. Für diese übernimmt der Verlag keine Haftung. Für Ihre Korrekturen und Ergänzungsvorschläge sind wir dankbar.

VISTA POINT Verlag
Rolandsecker Weg 30 · 53619 Rheinbreitbach
Telefon: +49 (0)2224/7795-0 · Fax: +49 (0)2224/7795-100
info@vistapoint.de · www.vistapoint.de · www.facebook.de/vistapoint